Erlebnisreise durch die wildromantische

EIFEL

A Journey of Discovery through the wild, romantic EIFEL

Een reis vol avontuur door de wildromantische EIFEL

ZIETHEN-PANORAMA VERLAG
EIN QUALITÄTSPRODUKT AUS ORIGINAL DEUTSCHER PRODUKTION

DIE EIFEL-RUNDFAHRT IN ACHT KAPITEL

A round trip through the Eifel in eight chapters · Een tour door de Eifel in acht hoofdstukken

Von Aachen zum Monschauer Land
Seite 10 bis 23

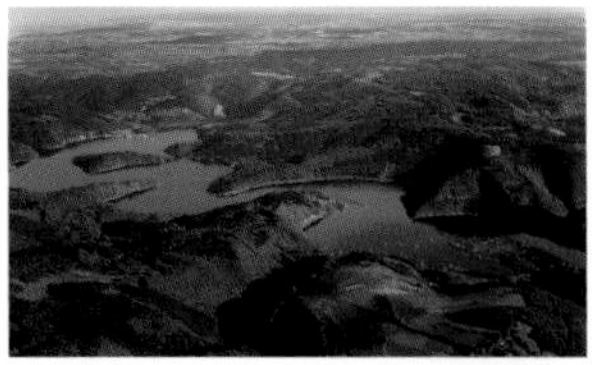

Nordeifel entlang der Talsperren- und Burgenlandschaft
Seite 24 bis 35

Burgen, Schlösser und Romantikstädte
Seite 36 bis 54

Entlang der romantischen Ahr
Seite 55 bis 61

Von der Nürburg und Hohen Acht bis Hillesheim
Seite 62 bis 72

Entlang der idyllischen Kyll
Seite 73 bis 83

Durch die Vulkaneifel
Seite 84 bis 97

Vom Mayener Land zur Mosel, der Südeifel und Trier
Seite 98 bis 120

Erlebnisreise EIFEL

Es waren vor allem die Maler der Düsseldorfer Schule wie Fritz von Wille, die zu Wegbereitern des Fremdenverkehrs in der Eifel wurden. Mit ihren Bildern von den Vulkanen, den Vulkanseen, den Maaren, den vom Gold des blühenden Ginster leuchtenden Hängen, den Burgen, Klöstern und kleinen romantischen Fachwerkstädtchen kündeten sie von den landschaftlichen Schönheiten des Berglandes zwischen Rhein und Westgrenze, zwischen Mosel und Aachener Becken.

Ende der 20er Jahre des letzten Jahrhunderts machten die Bewohner der nahegelegenen Großstädte die Eifel zum beliebten Ausflugsziel, wenn auch zunächst nur an den Wochenenden. Heute ist sie nicht nur eine der meistbesuchten Naherholungslandschaften, auch als Feriengebiet ist die Eifel längst über den Status eines Wochenendzieles hinausgewachsen. Dies liegt nicht zuletzt am Besucherzustrom aus Belgien und Holland.

Die Geologen sind schon vor weit mehr als hundert Jahren ins Schwärmen geraten, wenn die Rede auf die Eifel kam. Für die Wissenschaftler, die sich mit der Entstehung und der Entwicklung der Erde befassen, war das Bergland im Städteviereck von Aachen, Köln, Koblenz und Trier schon seit jeher so etwas wie ein „Geschenk Gottes". Der damals weltberühmte deutsche Geologe Leopold von Buch hat die Eifel einmal als das schönste und beste Lehrbuch der Geologie bezeichnet. Er meinte sogar, es gäbe auf der ganzen Welt nichts, was man mit der Eifel vergleichen könne. Allenfalls in der französischen Vulkanlandschaft der Auvergne könne man etwas Ähnliches ausmachen.

Steht man auf einer herausragenden Höhe der Eifel, etwa auf der Hohen Acht, dem mit 747 Metern höchsten Punkt des Berglandes, und schaut in die Runde, eröffnet sich eine bemerkenswerte Landschaft. Sie erweckt den Eindruck, als hätten gigantische Maulwürfe vor langer Zeit Hügel aufgeworfen, die sich im Laufe der Zeit mit Wiesen und Wäldern bedeckten. Hunderte Vulkankegel prägen das Landschaftsbild der gesamten mittleren und südlichen Eifel. Natürlich sind das keine Vulkane wie Ätna oder Vesuv, über denen noch immer

Discovery through the EIFEL

Painters, first and foremost painters of the school of Düsseldorf such as Fritz von Wille, were the pioneers of tourism in the Eifel. Their paintings of the volcanoes and volcanic lakes, the maars, of hillysides golden with gorse, of castles, monasteries and romantic little towns with their timbered houses extolled the beauty of the hill country between the Rhine and Germany's western border, between the Moselle and the Aachen basin.

A real boom set in at the end of the twenties, at first only on weekends. All of a sudden the railways were selling as many Sunday excursions to Gerolstein in the Eifel as they had done previously to such well-known destinations as Rüdesheim or Assmanshausen. Today, the countryside of the Eifel is a real favourite among people from the nearby Rhineland, and has long since shed its reputation as just a place for a day out on the weekends but became a real holiday destination, not least due to the number of visitors from Belgium and Holland.

Well over a hundred years ago there was just one group of people who really got carried away when mentioning the Eifel: geologists. The hilly country in the rectangle formed by Aachen, Cologne, Koblenz and Trier has always been something of a miracle for scientists concerned with the origins and the development of this planet. The then world-famous German geologist Leopold von Buch once called the Eifel the finest and best textbook on geology imaginable. In fact he thought there was nothing in the world to match it. Save perhaps the French Auvergne with its many extinct volcanoes – though that lacked the maars and crater lakes that are one of the special attractions of the Eifel.

If you stand on top of one of the prominent peaks of the Eifel, for example the 747-metre-high Hohe Acht, the highest point in the region, and look out over the countryside round about, you see a landscape of giant hills that look as though they were thrown up by burrowing moles centuries ago, then got gradually covered with pasture and forest as time went by. The landscape in the whole

Een reis vol avontuur EIFEL

Hooguit in het Franse vulkaanlandschap van de Auvergne zou men iets vergelijkbaars kunnen aantreffen. Wanneer men op een verheven hoogvlakte in de Eifel staat, bijvoorbeeld op de "Hohe Acht", het met 746 meter hoogsteHet waren schilders, vooral echter schilders van de Düsseldorfse School, zoals Fritz von Wille, die de wegbereiders naar de Eifel werden. Met hun schilderijen van de vulkanen, van vulkaanmeren, de maren, de door het goud van de bloeiende brem stralende hellingen, de burchten, kloosters en kleine romantische vakwerkstadjes, legden ze getuigenis af van het landschappelijk schoon van het bergland tussen de Rijn en de westelijke grens, tussen de Moezel en het Akener Bassin.

Aan het einde van de jaren '20 maakten de bewoners van de nabijgelegen grootsteden de Eifel tot een populaire bestemming voor dagtochtjes, zij het aanvankelijk slechts gedurende de weekends. Vandaag de dag is de Eifel niet alleen één van de meest bezochte recreatielandschappen, ook als vakantiegebied is de Eifel allang boven de status van een weekendbestemming uitgegroeid. Dat ligt niet in de laatste plaats aan de bezoekersstroom uit België en Nederland.

De geologen raakten al meer dan honderd jaar geleden gepassioneerd, wanneer het gesprek op de Eifel kwam. Voor de wetenschappers die zich bezighouden met het ontstaan en de ontwikkeling van de aarde, was het bergland in de stedenvierhoek van Aken, Keulen, Koblenz en Trier reeds vanouds zoiets als een "geschenk Gods". De destijds wereldberoemde Duitse geoloog Leopold von Buch heeft de Eifel ooit eens als het mooiste en beste leerboek der geologie betiteld. Hij was zelfs van mening dat er op de hele wereld niets zou bestaan, wat men met de Eifel zou kunnen vergelijken punt van het bergland en rond om zich kijkt, dan ontvouwt er zich een opmerkelijk landschap. Het wekt de indruk alsof gigantische mollen lang gelden heuvels zouden hebben opgeworpen, die in de loop der tijd met weiden en bossen werden bedekt.

Honderden vulkaankegels bepalen het landschapsbeeld van het gehelde centrale en zuidelijke Eifelgebied. Natuurlijk zijn dat geen vulkanen als de Etna

bedrohliche Rauchwolken schweben. Aber die ersten Menschen, die die Eifel bevölkerten, wurden noch vor etwa 9.000 Jahren Augenzeugen der Ausbrüche des Mosenberges bei Manderscheid oder der Vulkane im heutigen Laacher See-Gebiet. In dieser Zeit lebten die ersten Eifeler nicht mehr nur in Höhlen, wie dem Buchenloch in der Munterley bei Gerolstein oder der Kakushöhle am Veybach nahe Mechernich, sondern schon in einfachen, von ihnen selbst erbauten Behausungen. Wie Spuren belegen, wurden diese Siedlungen besonders im Laacher See-Gebiet Opfer der Vulkanausbrüche.

Aus den Kratern der Vulkane quoll glutflüssige Lava, die in die Täler strömte und dabei erkaltete und erstarrte. Besonders schöne Beispiele für solche zu typischen sechskantigen Basaltsäulen erstarrten Lavamassen findet man im Horngraben bei Manderscheid. Die Lava stammte aus dem Mosenberg, dem heute noch markantesten unter den erloschenen Eifelvulkanen. In seinem Krater liegt der einzige echte Kratersee Deutschlands. Denn sein Wasser, das von einem Wall ausgebrannter Lavafelsen umgeben ist, sammelte sich in einem Vulkanschlund, aus dem einst glühende Lava ausgebrochen war. Die anderen Vulkanseen der Eifel sind sogenannte Maare. Ihre Wasserflächen bildeten sich in den Kratern, die durch Gas- oder Wasserdampfexplosionen aufgerissen wurden. Das gilt sowohl für das Meerfelder Maar bei Manderscheid, als auch für die Dauner Maare mit dem Totenmaar, Schalkenmehrener Maar und Gemündener Maar sowie dem Holzmaar und dem 72 Meter tiefen Pulvermaar bei Gillenfeld. Das Ulmener Maar ist mit etwa 9.500 Jahren das jüngste vulkanische Ereignis der Eifel. Heute ist das Maar ein beliebtes Angelparadies. Die warme Quelle, die diesen Maarsee speist, ist ein letztes Zeugnis aus der Zeit, als das flüssige Magma an die Erdoberfläche trat.

Abseits von der Betriebsamkeit der übrigen Maare liegt zwischen Gillenfeld und Bad Bertrich im tief eingesenkten Maarkessel das Immerather Maar versteckt, eines der etwas weniger bekannten, doch darum nicht weniger schönen Maare, bei dem der ursprüngliche natürliche Charakter weitgehend erhalten geblieben ist.

of the central and southern parts of the Eifel is characterised by these very distinctive volcanic cones. Of course they are not volcanoes like Etna or Vesuvius, which are sometimes still wreathed in smoke today. But the first inhabitants of the Eifel 9.000 years ago were eye-witnesses of eruptions from the Mosenberg near Manderscheid, or the volcanoes in the area where the Laach Lake is today. That was the period when the first Eifeler were no longer cavedwellers, for example in the Buchenloch in the Munterley area near Gerolstein or the Kakus cave near Eiserfey, but inhabited the first primitive dwellings built by their own hand. Excavations have revealed that settlements round the Laach Lake in particular were destroyed by volcanic eruptions.

Molten lava spilled out of many of the craters, flowed down into the valleys, cooled off and solidified. Particularly fine examples of the hexagonal basalt columns that resulted from this process are to be found in the Horngraben near Manderscheid. The lava came from the Mosenberg, still the finest and most distinctive extinct volcano in the Eifel. In its crater there is the only genuine crater lake in the whole of Germany. Water, surrounded by a wall of burnt out lava rocks, gathered in a chasm in the volcano where molten lava had erupted. The other volcanic lakes in the Eifel are so-called maars. They were formed in craters resulting from explosions of gas or steam. This is the case with the Meerfeld maar near Manderscheid, the Daun Maars Totenmaar, Schalkenmehr Maar and Gemünd Maar, the Holzmaar and circular Pulvermaar near Gillenfeld (72 metres deep). The picturesque Ulmen Maar and the Immerath Maar, near Bad Bertrich a little off the beaten track, also originated this way.

The Eifel was always a poor region, the climate was and is harsh, and particularly higher up in the hills the soil is rather poor. But there is another decisive factor that contributed to the poverty of the people. No other area in Germany was divided up into so many miniature states and territories. A historical map of the Eifel is like a patchwork quilt. The powerful dynasties of the Eifel, such as

of de Vesuvius, waarboven nog steeds dreigende rookwolken zweven. Maar de eerste mensen die de Eifel bevolkten, werden nog ongeveer 9.000 jaar geleden ooggetuigen van de uitbraken van de Mosenberg bij Manderscheid of van de vulkanen in het huidige Laacher-Meer-gebied. In deze periode leefden de meeste mensen in de Eifel niet meer alleen in grotten, zoals het "Buchenloch" in de "Munterley" bij Gerolstein of in de "Kakus-grot" aan de "Fey-Bach" in de buurt van Mechernich, maar reeds in eenvoudige, door henzelf gebouwde behuizingen. Zoals sporen hebben aangetoond, werden deze nederzettingen met name in het gebied rond het Laacher-meer slachtoffer van de vulkaanuitbraken.

Uit de kraters van de vulkanen kolkte gloeiende, vloeibare lava die in de dalen stroomde, daarbij afkoelde en hard werd. Bijzonder fraaie voorbeelden voor dergelijke tot typische zeskante basaltzuilen verstarde lavamassa's vindt men in de "Horngraben" bij Manderscheid. De lava was afkomstig uit de Mosenberg, de vandaag de dag nog meest opvallende onder de uitgedoofde Eifelvulkanen. In zijn krater ligt het enige echte kratermeer van Duitsland. Want zijn water dat door een wal van uitgebrande lavarotsen wordt omgeven, verzamelde zich in een vulkaanopening, waaruit ooit gloeiende lava was uitgebroken. De andere vulkaanmeren in de Eifel zijn zogenaamde maren. Hun wateroppervlakken werden in de kraters gevormd, die alleen door gas- of waterdampexplosies werden opengereten. Dat geldt zowel voor het "Meerfelder Maar" bij Manderscheid als voor de "Dauner Maren" met het "Totenmaar", "Schalkenmehrener Maar" en "Gemuendener Maar" alsmede het "Holzmaar" en het 74 meter diepe "Pulvermaar" bij Gillenfeld. Het "Ulmener Maar" wordt als populaire zwemgelegenheid gebruikt, omdat de watertemperatuur met de diepte toeneemt. De warme bron, die dit maarmeer voedt, is een laatste getuigenis uit de tijd toen het vloeibare magma de aardoppervlakte bereikte.

Veraf van de bedrijvigheid van de overige maren ligt tussen Gillenfeld en Bad Bertrich in de diep ingezakte maarketel het "Immerather Maar", verstopt, één van de wat minder bekende, maar daarom niet

Die Eifel war schon immer ein armes Land. Das Klima war und ist rau, vor allem in den höheren Lagen des Berglandes. Hier ist auch der Boden nicht besonders ertragreich. Aber viel entscheidender für die Armut der Eifeler in früheren Zeiten war die Zersplitterung der Ländereien in viele kleine Herrschaftsgebiete wie nirgendwo sonst in Deutschland. Die mächtigen Eifeler Geschlechter, wie die von Manderscheid, von Blankenheim oder Virneburg, bekämpften sich. Doch auch Feudalherren und Lehnsträger, die Kurfürsten von Köln und Trier sowie die Grafen und später die Herzöge von Luxemburg trugen ihre Fehden in der Eifel aus. Die Menschen, die hier lebten, waren die Leidtragenden. Immer wieder wurden sie gnadenlos in die Streitigkeiten hineingezogen. Das ging bis 1945 so, als zum Ende des Zweiten Weltkrieges die Eifel stärker als irgendeine andere ländliche Region in Westdeutschland von Krieg und Kämpfen heimgesucht und zerstört wurde. Die Schlacht um den Hürtgenwald im Herbst 1944 ist als „Stalingrad der Westfront" in die Kriegsgeschichte eingegangen.

Der Burgenreichtum der Eifel hat die Bevölkerung in früheren Zeiten in große Armut gestürzt. Heute zählen diese schönen Burgen zu den wichtigsten kulturhistorischen Sehenswürdigkeiten. Sie wurden zu Keimzellen vieler kleiner romantischer Städte wie Monschau oder Kronenburg, Nideggen und Blankenheim, bis zum Fachwerkwunder Monreal im Süden der Eifel. Einzelne Burgen wie die einmalige Burg Eltz – „die Burg aller Burgen", die sagenumwobene Genovevaburg in Mayen oder großartige Schlösser wie das Schloss Bürresheim bei Mayen sind heute ebenso beliebte und viel besuchte Ziele in der Eifel.

Die vielen Burgruinen, die oft versteckt in kleinen Tälern liegen, lassen beim Besucher immer noch das Gefühl der vermeintlichen Romantik längst vergangener Zeiten wach werden. Manche Burgruinen wurden wieder aufgebaut und locken als Blickfang schon von Weitem die Eifelbesucher an. Hierzu gehört neben der Burg Pyrmont im Elztal auch die teilweise restaurierte Nürburg, die einst als die größte Burg der Eifel galt.

the Manderscheiders, Blankenheimers and Virneburgers, were constantly feuding, the more minor lineages were not a jot better. Feudal lords and liege lords, the powerful electors of Cologne and Trier and the Counts – later Dukes – of Luxembourg fought and quarrelled in the Eifel. The people who lived there bore the brunt of it all. They were constantly being drawn into the conflicts and bled for it. This continued right up to 1945, when the Eifel was ravaged in the closing battles of World War II more than any other rural area of West Germany. The Battle of Hürtgenwald in the autum of 1944 went down in military history as the "Stalingrad of the West".

The abundance of castles, though it may have been a decisive factor in the poverty of the Eifeler, is now the source of much of the romantic attraction of the region. Castles were the seeds which grew into pretty little towns like Monschau or Kronenburg, Nideggen and Blankenheim in the north, or the timbered wonderland of Monreal in the south. Individual castles like Eltz, the „quintessential castle" as it has been called, the Genovevaburg in Mayen steeped in legend, or magnificent palaces like Bürresheim near Mayen are popular places to go and see, as are the many ruined castles tucked away in little valleys that arouse romantic images of times long past. Many ruined castles have been rebuilt and are distinctive landmarks that beckon the visitor from afar, Pyrmont Castle in the Elz valley for example, or the partially restored Nürburg, once the largest Eifel castle of them all.

Few areas of the Eifel had a climate favourable enough or soil sufficiently promising to ensure the development of really flourishing agriculture. Among them is the area known as the Maifeld (May Field) in the south eastern part of the Eifel. Münstermaifeld was the site of an important fort way back in Roman times. The Emperor Caligula is said to have been born there. During the Roman period, the Eifel was an important transit area for the military. There are still visible traces today. In particular in Trier, on the southern edge of the Eifel, which was, for a number of years, the centre of the world. That was at the beginning of the 4th

minder mooie maren, waarbij het oorspronkelijke natuurlijke karakter verregaand behouden gebleven is.

De Eifel was altijd als een arm land. Het klimaat was en is guur, met name op de hogere vlakten van het bergland. Hier is ook de bodem niet bijzonder vruchtbaar. Maar veel beslissender voor de armoede van de Eifelbewoners in vroegere tijden was de versplintering van de landerijen in vele kleine heerschappijgebieden, sterker dan waar dan ook in Duitsland. De machtige geslachten in de Eifel, zoals die van Manderscheid, van Blankenheim of Virneburg bestreden elkaar. Maar ook feodale heren en leenmannen, de keurvorsten van Keulen en Trier alsmede de graven en later de hertogen van Luxemburg vochten hun twisten in de Eifel uit. De mensen die hier woonden waren de slachtoffers ervan. Steeds weer werden ze genadeloos bij het geruzie betrokken. Dat duurde tot 1945, toen aan het einde van de Tweede Wereldoorlog de Eifel sterker dan enig ander plattelandsregio in West-Duitsland door de oorloog en de gevechten werd geteisterd en vernietigd. De slag om het "Hürtgenwald" in november 1944 is als "Stalingrad van het westelijk front" de oorlogsgeschiedenis ingegaan.

De rijkdom aan burchten in de Eifel heeft voor de bevolking van vroegere tijden grote armoede opgeleverd. Tegenwoordig behoren deze burchten tot de belangrijkste cultuurhistorische bezienswaardigheden. Ze werden de kiem van vele kleine romantische steden zoals Monschau of Kronenburg, Nideggen en Blankenheim, tot aan het vakwerkwonder Monreal in het zuiden van de Eifel toe. Bepaalde burchten, zoals de unieke Burg Eltz – "de burcht der burchten", de legendarische Genovevaburg in Mayen of de imposante kastelen, zoals het kasteel Buerresheim bij Mayen, zijn vandaag de dag even populaire als veelbezochte bestemmingen in de Eifel.

Het grote aantal burchtruïnes, die veelal verstopt in kleine dalen liggen, laten bij de bezoeker nog altijd het gevoel van de vermeende romantiek van lang verleden tijden opkomen. Sommige burchtruïnes werden weer opgebouwd en lokken als blikvanger

Nur wenige Gebiete der Eifel waren klimatisch und von ihrer Bodenbeschaffenheit so begünstigt, dass sich eine blühende Landwirtschaft entwickeln konnte. Dazu gehörte vor allem das so genannte Maifeld im Südosten der Eifel, wo Münstermaifeld schon zur Zeit der Römer ein bedeutendes Kastell war. Hier wurde angeblich der spätere römische Kaiser Caligula geboren. Zur Zeit der Römer war die Eifel ein wichtiges Militärgebiet. Viele Spuren zeugen heute noch davon. Vor allem Trier war für ein paar Jahre sozusagen der Mittelpunkt der Welt. Anfang des vierten Jahrhunderts machte der römische Kaiser Trier zur Hauptstadt des weströmischen Reiches, welches seitdem vom Südrand der Eifel regiert wurde. Keine andere Stadt nördlich der Alpen birgt heute noch so viele römische Überreste wie Trier.

Fünfhundert Jahre später wurde Aachen am Nordrand der Eifel unter Karl dem Großen zum Zentrum des riesigen Frankenreiches. Die Gebietseinteilungen der Römer in der Eifel sind im Wesentlichen bis heute bestehen geblieben. Sogar die Grenzen zwischen den Erzbistümern und Kurfürstentümern Köln und Trier, den einst stärksten Rivalen in der Eifel, sind römischen Ursprungs.

Als die Karolinger im Jahre 721 die Benediktinerabtei Prüm gründeten, begann die Zeit der großen Klöster in der Eifel. Der kleine Klosterstaat Prüm, der sich aus dieser Abtei entwickelte, ist schon längst untergegangen. Geblieben ist das Städtchen Prüm am Fuße der Schnee-Eifel, einer Wald- und Moorlandschaft, die man wegen ihres rauhen Klimas „Schneifel" nennt. Von hier oben zieht die Kyll, der längste Fluss der Schnee-Eifel, zur Mosel hin. Himmerod, angeblich eine vom heiligen Bernhard von Clairvaux gegründete Zisterzienserabtei, und die Benediktinerabtei Maria Laach am Laacher See waren zwei bedeutende Klöster in der Eifel. Sie sind heute noch immer wichtige geistlich-kulturelle Zentren. Auch Bad Münstereifel mit seinem geschlossenen mittelalterlichen Stadtmauerring ist aus einer Benediktinerabtei hervorgegangen. Wegen seiner gut erhaltenen Fachwerkhäuser wird das romantische Städtchen oft als „Rheinisches Rothenburg" bezeichnet.

century when the Roman emperor made Trier, rather than Rome, the capital from which the Western Roman Empire was ruled. No other city north of the Alps has as many Roman remains as Trier. 500 years later it was Aachen's turn, when it became the centre of another huge empire, the Frankish Empire under Charlemagne. The border established by the Romans to the west has remained largely unchanged right up to the present day. The part of the Eifel in present-day North-Rhine-Westphalia corresponds more or less to the mountainous part of the Province of Lower Germania, the larger part, now in the Rhineland Palatinate, to the province of Belgium. The borders inherited from the Romans later became the border between the archdioceses and electorates of Cologne and Trier, the two most powerful rivals in the Eifel.

The foundation of the Benedictine abbey in Prüm in 721 by the Carolingians marked the beginning of the period of the great monasteries in the Eifel. The small monastery state of Prüm that developed from the abbey has long since disappeared. The little town, however still thrives at the foot of the area of forest and heathland called Snow Eifel (or Schneifel) because of the large amount of precipitation and its harsh climate. From here the Kyll, the longest river in the Eifel, winds its way down to the Moselle. Himmerod, the Cistercian abbey supposedly founded by St Bernhard of Clairvaux, and the Benedictine abbey of Maria Laach on the Laach Lake, the largest volcanic lake in the Eifel, and with one of the finest romanesque churches in the Rhineland built in the style of Speyer Cathedral, were two other important Eifel monasteries. They are still, or have become again important spiritual cultural centres. Bad Münstereifel, too, sometimes called the Rhenish Rothenburg because of its well-preserved town walls and townscape, grew out of a Benedictine abbey.

The fact that parts of the Eifel are incorporated into not just one, but two cross-border international nature reserves, is an indication of the special character of the Eifel landscape. In the southern part of the Eifel, the German-Luxembourg National

reeds van verre de Eifelbezoekers aan. Hiertoe behoort naast de burcht Pyrmont in het Elzdal ook de ten dele gerestaureerde Nuerburg, die ooit als grootste burcht van de Eifel gold.

Slechts weinig gebieden in de Eifel waren klimatologisch en wat hun bodemgesteldheid betreft zo begunstigd dat hier een bloeiende landbouw tot ontwikkeling kon komen. Daartoe behoorde met name het zogenaamde "Maifeld" in het zuidoosten van de Eifel, waar Muenstermaifeld reeds ten tijde van de Romeinen een belangrijk castellum was. Hier werd, zo wed beweerd, de latere Romeinse keizer Caligula geboren. Ten tijde van de Romeinen was de Eifel een belangrijk militairgebied. Vele sporen getuigen er nog van. Met name Trier was een paar jaar lang als het ware het middelpunt van de wereld. Aan het begin van de vierde eeuw maakte de Romeinse keizer Constantinus van Trier de hoofdstad van het West-Romeinse Rijk dat sindsdien, van de zuidelijke rand van de Eifel uit werd geregeerd. Geen andere stad ten noorden van de Alpen bevat tegenwoordig nog zo veel Romeinse resten als Trier.

Vijfhonderd jaar later werd Aken aan de noordelijke rand van de Eifel onder Karel de Grote het centrum van het reusachtige Frankenrijk. De gebiedsindelingen van de Romeinen in de Eifel zijn in hoofdzaak tot op de dag van vandaag blijven bestaan. Zelfs de grenzen tussen de aartsbisdommen en de kuurvorstendommen Keulen en Trier, de ooit sterkste rivalen in de Eifel, zijn van Romeinse oorsprong.

Toen de Karolingen in 721 de Benedictijnse abdij Pruem stichtten, begon de tijd van de grote kloosters in de Eifel. De kleine kloosterstaat Pruem, die uit deze abdij werd ontwikkeld, is allang ondergegaan. Gebleven is het stadje Pruem aan de voet van de Sneeuw-Eifel, een bos- en veenlandschap, dat men vanwege zijn gure klimaat "Schneifel" noemt. Van hierboven af verloopt de Kyll, de langste rivier van de Sneeuw-Eifel, naar de Moezel toe. Himmerod, zoals wordt beweerd in een door de heilige Bernhard von Clairvaux gestichte cisterciënzerabdij, en de Benedictijnse abdij Maria Laach aan het

Von besonderem Reiz ist der Naturpark Nordeifel mit den touristischen Zentren Monschau, Nideggen, Hellenthal, Heimbach, Kronenburg und Bad Münstereifel. Seine Besonderheiten sind die Moore des Hohen Venns, die sich hauptsächlich auf belgischer Seite ausdehnen, die markanten Buchen-Windschutzhecken in den Höhendörfern um Monschau, vor allem aber die vielen Talsperren, die hier in den letzten knapp hundert Jahren entstanden sind.

Der Besucher wird von den zahlreichen Sehenswürdigkeiten der Eifel angezogen. Es sind die erloschenen Vulkane und Vulkanseen ebenso wie die Burgen, Klöster und Stauseen. An den so genannten „Eifeldolomiten" nahe Gerolstein findet man viele Fossilien und Mineralbrunnen, deren Wasser heute weltweit getrunken wird. Bei den Jägern wird die Eifel als einzigartiges Jagdrevier geschätzt. Die Freunde des Autorennsports kommen wegen des berühmten Nürburgrings, eine der schönsten Rennstrecken der Welt, in die Eifel. In Bad Münstereifel-Effelsberg kann man das zweitgrößte bewegliche Radioteleskop der Welt bewundern. Die hübschen kleinen Städte wie Daun, Bitburg oder Wittlich, Mayen oder Ahrweiler runden das Bild der Eifel ab. Besonders reizvoll sind auch die Weinberge, die am Südrand der Eifel zur Mosel hin abfallen und durch die man hoch über dem Ahrtal auf dem berühmten Rotweinwanderweg gehen kann.

Park extends from Prüm to Bitburg down to the Sauer valley, across to the Ferschweiler Plateau and the distinctive rock formations in so-called Swiss Luxembourg. The German-Belgian National Park in the north, with Monschau as its centre, is particularly attractive. Of special note are the Hohe Venn heathland, mainly on the Belgian side of the border, the distinctive tall beech hedges planted as wind-breaks in the upland villages around Monschau, and the many reservoirs built in the last hundred years or so. The Schwammenauel reservoir in the Rur valley with a capacity of 205 million cubic metres of water is the largest west German reservoir of all. The numerous reservoirs in the northern Eifel are the man-made counterpart of the volcanic maars in the central and southern parts of the Eifel.

Visitors are drawn to the Eifel. The individual stones that make it up are the extinct volcanoes and volcanic lakes, the castles and monasteries, the reservoirs, the fossils to be found at the "Eifeldolomiten" around Gerolstein, and the many mineral springs, whose waters are shipped all over the world. The Eifel is an unparallelled eldorado for hunters. The famous Nürburgring is one of the most beautiful motor-racing circuits in the world; the great radio telescope in Bad Münstereifel-Effelsberg is unique. The mosaic is completed by the pretty little towns such as Daun or Bitburg, Wittlich, Mayen or Ahrweiler. The vineyards are lining the slopes above the Moselle in the south and the famous Red Wine Trail high up above the Ahr valley. For many hikers the Eifel valleys contain some of the finest trails in Germany.

Laacher Meer, waren twee belangrijke kloosters in de Eifel. Ze zijn tegenwoordig nog altijd belangrijke geestelijk-culturele centra. Ook Bad Muenstereifel, met zijn gesloten middeleeuwse stadsmuurring, is voortgekomen uit een Benedictijnenabdij. Vanwege zijn goed behouden gebleven vakwerkhuizen wordt dit romantische stadje dikwijls als "Rijnlands Rothenburg" betiteld.

Een bijzondere bekoring heeft het natuurpark Noordeifel met de toeristische centra Monschau, Nideggen, Hellenthal, Heimbach, Kronenburg en Bad Muenstereifel. Zijn bijzonderheden zijn de veengronden van het Hoge Ven, die zich met name op Belgisch grondgebied uitstrekken, de opvallende beukenhagen die tegen de wind beschermen in de hooggelegen dorpen rond Monschau, met name echter de vele stuwdammen, die hier in de laatste krap honderd jaar zijn ontstaan.

De bezoeker wordt aangetrokken door de talrijke bezienswaardigheden van de Eifel. Het zijn de uitgedoofde vulkanen en de vulkaanmeren evenals de burchten, kloosters en stuwdammen. In het zogenaamde „Eifeldolomiet" rond Gerolstein vindt men vele fossielen en minerale bronnen, waarvan het water vandaag de dag wereldwijd wordt gedronken. Bij de jagers wordt de Eifel als uniek jachtgebied gewaardeerd. De vrienden van de automobielsport komen vanwege de beroemde "Nuerburgring", één van de mooiste autocircuits ter wereld, naar de Eifel. In Bad Muenstereifel-Effelsberg kan men de grootste beweeglijke radiotelescoop ter wereld bewonderen. De fraaie kleine stadjes als Daun, Bitburg of Wittlich, Mayen of Ahrweiler ronden het beeld van de Eifel af. Bijzonder attractief zijn ook de wijnbergen die aan de zuidelijke rand van de Eifel naar de Moezel toe verlopen of waar men hoog boven het Ahrdal op de beroemde rode-wijn-wandelroute kan lopen.

Morgennebel über der Vulkaneifel bei Daun / Dawn mist above the Volcanic Eifel near Daun / Ochtendnevel boven de Vulkaaneifel bij Daun ▷

Aachen, historisches gotisches Rathaus (14. Jh.)

Aachen, Gothic Town Hall · Aken historisch gotisch stadhuis

Aachen ist die westlichste Großstadt Deutschlands im Dreiländereck zu Belgien und den Niederlanden. Die Stadt mit Tradition und Fortschritt wurde durch bedeutende Kulturdenkmäler aus der Zeit Karls des Großen geprägt. Von 768-814 war Aachen der Lieblingsort Karls des Großen und somit Zentrum des Reiches. 600 Jahre lang wurden hier im Dom die deutschen Könige gekrönt. Schon die Römer schätzten vor zwei Jahrtausenden die heißen Thermalquellen und siedelten hier. Die Hochschul- und Kurstadt hat eine kulturelle Vielfalt zu bieten und lädt ein zum Bummeln und Flanieren.

Aachen, Germany's westernmost city, stands on the borders of Belgium and The Netherlands. Here technological advance and ancient traditions mix with many notable monuments dating from Charlemagne's time. From 768 to 814 Aachen was Charlemagne's favourite residence and the heart of his empire. For 600 years German monarchs were crowned in the cathedral. Aachen's origins go back 2000 years, when Romans settled around its hot, healing springs. Visitors will enjoy the cultural diversity and leisurely, inviting atmosphere of this famous spa and university town.

Aken, de meest westelijk gelegen stad van Duitsland, in het drielandenpunt met België en Nederland. De stad met traditie en vooruitgang wordt door belangrijke cultuurhistorische monumenten uit de tijd van Karel de Grote gekarakteriseerd. Van 768-814 was Aken de plaats waar Karel de Grote het liefst verbleef, en daardoor het centrum van het rijk. 600 jaar achtereen werden hier in de Dom de Duitse koningen gekroond. Tweeduizend jaar geleden waardeerden de Romeinen reeds de warmwaterbronnen en vestigden zich hier.

Zusammen mit dem historischen Rathaus bildete der Dom die Kaiserpfalz Karl des Großen. Im Rathaus befinden sich noch heute im „Krönungssaal" die Kopien der Reichskleinodien. Das Oktogon der Pfalzkapelle (von 805) ist das Kernstück des Aachener Domes, sie war der größte Kuppelbau ihrer Zeit nördlich der Alpen. Hier bestiegen die deutschen Kaiser und Könige den Thron. Die Pracht und den Prunk dieser Herrscher kann man am besten in der bedeutenden Sammlung europäischer Kirchenschätze in der Schatzkammer bewundern.

Charlemagne's palace encompassed both the cathedral and the historic town hall. Today copies of the imperial insignia can be seen in the Coronation Chamber of the town hall. At the heart of Aachen Cathedral stands the octagon of the palace chapel (from 805), in its time the largest domed building north of the Alps. Kings and emperors were crowned here, and it is still possible to get an impression of the pomp and splendour surrounding these monarchs and rulers by visiting the notable collection of ecclesiastical treasures in the Cathedral Treasury.

Samen met het historische stadhuis vormt de Dom de keizerlijke palts van Karel de Grote. In het stadhuis bevinden zich tegenwoordig in de „Krönungssaal" de kopieën van de rijkskleinodiën. Het Octogon van de Paltskapel vormt het centrale gedeelte van de Dom van Aken, die in haar tijd het grootste koepelgebouw ten noorden van de Alpen was. Hier vonden de troonsbestijgingen van de Duitse keizers en koningen plaats. De pracht en praal van deze vorsten kun je het best bewonderen in de schatkamer, waar zich de belangrijke collectie Duitse kerkschatten bevindt.

Seit 1898 agiert der Aachen-Laurensberger Rennverein e.V. im Pferdesport und ist seit 1924 Veranstalter des CHIO (Concours Hippique International Officiel) in Aachen. Seit 1927 wird auch der Große Preis von Aachen als Nationenpreis verliehen. Springreiten, Dressurreiten, Fahren und seit 2007 auch Vielseitigkeit und Voltigieren sind die fünf Disziplinen, welche heute an zehn Tagen ausgetragen werden. Über 350.000 Besucher kommen jährlich, 500 Pferde und 300 Reiter aus 20 Nationen reisen zu den Wettkämpfen an. In 200 Zelten präsentieren Aussteller alles rund um Reiter und Pferd.

The Aachen-Laurensberg horse racing society has been active in equestrian sports since 1898, and since 1924 has been the organizer of the Aachen CHIO (Concours Hippique International Officiel). Since 1927 the Grand Prix has been a Nations Cup. In 2007, eventing and vaulting were added to the core programme of show jumping, dressage and driving, so that five disciplines are now staged over ten days. Over 350,000 visitors attend CHIO annually, and 500 horses and 300 riders from 20 nations enter the competitions. The needs of riders and horses are comprehensively catered for in 200 tents.

Sedert 1898 acteert de Aachen-Laurensberger Rennverein e.V. in de hippische sport en sinds 1924 organiseert zij het CHIO (Concours Hippique International Officiel) in Aken. Sedert 1927 wordt ook de Grand Prix van Aken verleend als Nations Cup. Springen, dressuur, mennen en sinds 2007 ook eventing en voltige zijn de vijf disciplines die op vandaag op tien dagen worden georganiseerd. Er komen elk jaar meer dan 350.000 bezoekers; 500 paarden en 300 ruiters uit 20 landen reizen naar de wedstrijden toe. In 200 tenten presenteren exposanten alle facetten van ruiter en paard.

Schon im ersten Jahrhundert unserer Zeitrechnung war Stolberg bekannt im Metallgewerbe. Der Abbau von Erzen und Kohle war schon zu keltischen und römischen Zeiten ein führender Wirtschaftszweig des Ortes. Im 16. Jahrhundert blühte Stolberg abermals mit der Messingindustrie auf. Der damit verbundene Wohlstand prägt noch heute das historische Stadtbild. Die Kupferverarbeitung gehört auch im 21. Jahrhundert noch zu einem der wichtigsten Wirtschaftszweige dieser Gemeinde. Burg Stolberg thront als Wahrzeichen seit dem 12. Jahrhundert über der Stadt.

As far back as the first century A.D., Stolberg was known for its metal industry. The mining of ore and coal was an important branch of the local economy even in Celtic and Roman times. In the sixteenth century, Stolberg flourished once more with the rise of the brass industry, and the wealth that this brought the community is still evident in the historic town centre. In the 21st century, copper and brass production are still important economic factors in Stolberg. Since the 12th century, Stolberg castle has presided over the town as a distinctive local landmark.

Reeds in de eerste eeuw van onze tijdrekening was Stolberg bekend in de metaalbranche. De winning van ertsen en kolen was al in Keltische en Romeinse tijden een vooraanstaande tak in de economie van de plaats. In de 16e eeuw bloeide Stolberg opnieuw op via de messingindustrie. De daarmee verbonden welstand drukt nog steeds haar stempel op het historische stadsbeeld. De koperverwerking hoort ook in de 21e eeuw nog tot één van de belangrijkste takken in de economie van deze gemeente. De burcht Stolberg torent als waarmerk sinds de 12e eeuw boven de stad.

Kornelimünster mit der alten Abtei und der Korneliuskapelle

Kornelimünster with the old abbey and the Cornelius Chapel · Kornelimünster abdij en de Korneliuskapelle

Auf der Basis der Mönchsregeln des heiligen Benedikt aus dem 6. Jahrhundert wurde um 814 das Kloster Kornelimünster von Benedikt von Aniane gegründet. Papst Kornelius († 253) war der Namensgeber des Klosters. Mit der Auflösung der Klöster im Rheinland 1802 durch Napoleon und der Übertragung des Klosters an die Pfarrgemeinde, war die ursprüngliche Bestimmung des Klosters beendet. Doch die Benediktiner kamen 1906 zurück und zogen in neue Räume. Somit konnte die Reichsabtei trotz der Neugründung wieder belebt werden.

The monastery of Kornelimünster was founded by Benedict von Aniane in 814 and named after Pope Cornelius († 253). This was a Benedictine monastery in which monks lived according to the Rule of St Benedict, who had established the order in the sixth century. With the dissolution of the monasteries in the Rhineland by Napoleonic troops in 1802 the imperial abbey passed to the parish and is still under public ownership. In 1906, Benedictine monks returned to Kornelimünster after a new abbey was built nearby.

Op basis van de kloosterregels van de heilige Benedictus uit de 6de eeuw werd omstreeks 814 het klooster Kornelimünster van Benedictus van Aniane gesticht. Het klooster werd vernoemd naar paus Cornelius († 253). Met in 1802 de napoleontische opheffing van het klooster in het Rijnland en de overdracht aan de parochie was de oorspronkelijke bestemming van het klooster ten einde. De benedictijnen kwamen terug en betrokken in 1906 nieuwe ruimtes; als gevolg daarvan werd de rijksabdij ondanks de nieuwe bestemming nieuw leven ingeblazen.

HOTEL zum STERN
Zum Hotel Stern

Flankiert von der evangelischen Kirche und eingerahmt von den alten Fachwerkhäusern, unmittelbar am Zusammenfluss von Rur und Laufenbach im Herzen Monschaus, steht das Rote Haus, eines der schönsten Patrizierhäuser des 18. Jahrhunderts im Rheinland. Freitragend durch alle drei Stockwerke verläuft die berühmte handgeschnitzte Treppe des Roten Hauses, wie ein Bilderbuch über die Monschauer Tuchherstellung. In den Seitenteilen der Treppe zeigen 21 holzgeschnitzte Darstellungen den Werdegang des Tuches. Auf der anderen Seite sind allegorische Darstellungen der Jahres- und Tageszeiten zu sehen.

Monschau's Red House is one of the finest 18th-century patricians' houses in the Rhineland. It stands beside the river in the town centre between the Protestant church and a row of old timbered houses. The Red House is divided into two halves, each with its own entrance. In the hallway of it a magnificent free-standing staircase can bee seen, rising through three floors of the living quarters. The stairway of the Red House is flanked by 21 richly-carved wooden panels illustrating the stages of cloth-making.

Omgeven door oude vakwerkhuizen en direkt naast de protestantse kerk staat op het punt waar Roer en Laufenbach samenstromen midden in Monschau, het Rode Huis, één van de mooiste patriciershuizen uit de 18e eeuw in Rijnland. In het huis „de Gouden Helm" staat de beroemde trap van de Rode Huis, die door alle drie verdiepingen vrigdragend gebouwd is. De trap is een plaatjesboek over de Monschauer doekmakerij. De ene zijkant van de trap bevat 21 taferelen uit het doekmakersambacht. In de andere zijkant van de trap zijn allegorische taferelen uit de jaargetijden en de dag en nacht te zien.

Im Winter ist die Burg Monschau eindrucksvolle Kulisse für den romantischen Weihnachtsmarkt. Im Sommer wird sie zum quirligen Festspielort als kulturelles Highlight. Mehr als 15.000 Besucher verwandeln den Ort in ein Verona des Westens. Meisterwerke der Klassik von „Carmen" bis „Tosca", der Komponisten Verdi, Mozart bis Puccini werden auf höchstem Niveau anspruchsvoller Orchester und Solisten dargeboten. Das Rahmenprogramm bietet eine Palette von Oper, Operette, Ballett bis hin zur Kinderoper, die auch den Kleinsten die klassische Kunst altersgerecht nahe bringen soll.

In winter, Burg Monschau is an impressive setting for the romantic Christmas fair. In summer, it becomes a lively festival site. More than 15,000 visitors turn the town into a Verona of the Eifel. Classical masterpieces from "Carmen" to "Tosca" by composers from Verdi and Mozart to Puccini are presented by sophisticated orchestras and soloists of the highest quality. The supporting programme offers a selection of opera, operetta and ballet to children's opera, which is intended to bring classic art to our little ones in an age-appropriate manner.

In de winter is de burcht van Monschau een indrukwekkend podium voor de romantische kerstmarkt. In de zomer wordt de burcht een drukke plaats voor verschillende organisaties. Meer dan 15.000 bezoekers veranderen de plaats in een Verona van het noorden. Klassieke meesterwerken van „Carmen" tot „Tosca" van de kunstenaars Verdi, Mozart tot Puccini worden op het hoogste niveau door veeleisende orkesten en solisten vertolkt. Het programma biedt een groot aantal opera's, operettes, ballet tot kinderopera's.

Weihnachtsmarkt in der alten Romantikstadt MONSCHAU

Monschau, romantic Christmas market · Monschau, adventsfeer op de kerstmarkt

Im Rahmen der vielen Veranstaltungen im Jahr ist der Monschauer Weihnachtsmarkt ein ganz besonderes Highlight. Eine zauberhaft romantische Stimmung vermittelt der historische Ort besonders im Winter. Wer bis dahin vorweihnachtlich noch nicht eingestimmt war, dem ist dies hier garantiert. Zusätzlich bietet ein Weihnachtshaus die Gelegenheit, sich das ganze Jahr über vom Glitzer und Glamour des Baumbehangs zum Träumen und Einkaufen verleiten zu lassen. Einladend sind auch die gemütlichen Lokale in den alten Fachwerkhäusern.

In the long list of Monschau's calendar of events, the Christmas Market holds a special appeal as a major highlight of the year. Particularly in winter, this well-preserved little town radiates a magical, romantic atmosphere guaranteed to arouse festive expectations even in those who are unenthusiastic about Christmas. The Christmas House offers visitors the chance to succumb to the temptations of the glitter and glamour of Christmas tree decorations the whole year round. Equally inviting are the cosy bars and restaurants located in the old half-timbered houses.

Naast de vele het hele jaar door plaatsvindende manifestaties is de kerstmarkt van Monschau toch altijd weer een heel bijzondere highlight. De historische plaats brengt de bezoeker met name in de winter in een betoverend romantische sfeer. Wie dan nog niet in kerststemming was, is het vanaf dat moment zeker wel. Het hele jaar door kun je je hier in een 'Weihnachtshaus' door de glitter en glamour van de kerstversiering al op het kerstfeest verheugen. Ook de gezellige horecagelegenheden in de oude vakwerkhuizen nodigen tot een bezoek uit.

△ Moorlandschaft Hohes Venn / The moorland of the Hohe Venn / Veenlandschap Hoge Venen

△ Siebenstern / starflower / Siebenstern

△ Wildnarzissen / wild daffodils / Wilde narcissen

△ Moorpolster im Venn / cushion moorland / Veenkuss

▽ Wollgras/ cotton grass / Wolgras

▽ Sonnentau / sundew / Zonnedauw

Zwischen der Nordeifel und den belgischen Ardennen breitet sich das Hohe Venn aus, eine Hochmoorlandschaft, die zu jeder Jahreszeit ihr Aussehen ändert. Das Hohe Venn, eine vorzeitliche Gletscherkuppe, ist geologisch gesehen ein riesiger Schwamm, der Wasser aufsaugt und zurückhält und es dann in einem natürlichen Rhythmus entlässt. Der Untergrund ist Torf, der aus den versunkenen großen Wäldern entstanden ist. Eine besondere Landschaft mit eigenwilliger Vegetation. – Wenn im Frühjahr der Besenginster blüht und die Eifel im Ginstergold erstrahlt, geht die Reise in die Eifelberge.

The Hohes Venn, a heathland stretching from the northern part of the Eifel to the Ardennes in Belgium, changes its features season by season. Originally the top of a primeval glacier, the Hohes Venn is like a huge sponge: Not far from the Atlantic Ocean soaking up all the water it receives, storing it and then passing it on in a natural rhythm. The substratum is peat from the great forests, now submerged, that once covered the area. – When in springtime the broom flowers are in broom and the Eifel in the broom gold lights up, then the journey goes into the Eifel mountains.

Tussen de noordelijke Eifel en de Belgische Ardennen breidt zich het Hoge Ven uit, een hoogveenlandschap dat in ieder jaargetijde zijn uiterlijk verandert. Het Hoge Ven, een prehistorische gletsjertop, is geologisch gezien een reusachtige spons, die water opzuigt en vasthoudt en het dan in een natuurlijk ritme loslaat. De ondergrond is turf, die is ontstaan uit de verzonken grote bossen. Het is zacht water, dat van het Hoge Ven via de Roer door Monschau stroomt en de voorwaarde was om een succesvolle lakenmakerij 200 jaar geleden mogelijk te maken.

HÖFEN – das Dorf im Grünen und Tor zum Nationalpark Eifel

Höfen – a rural village and the gateway to the Eifel National Park · Höfen – het dorp in het groen en poort naar het nationale park de Eifel

In den Höhendörfern rund um Monschau stehen die alten Bauernhäuser hinter hohen Windschutzhecken aus Rotbuchen. Schwarz-weißes Fachwerk und ein tief heruntergezogenes Strohdach, das war der Baustil der Vennhäuser in den Dörfern des Monschauer Landes. Die fast haushohen Buchenhecken, welche den Bewohnern der dahinter liegenden Häuser im Winter und im Sommer zu einem ausgeglichenerem Klima verhelfen, schützen auch vor den starken Westwinden in diesen Höhen. Dem besonderen Einsatz und Zusammenhalt der Anwohner ist die einzigartige Erhaltung des Kulturgutes Höfen zu verdanken.

In the high-lying villages around Monschau, many old farmhouses are protected by thick beech hedges of extraordinary height, some dating back two centuries or more. These remarkable hedges provide welcome wind-cover. The almost house-high beech hedges serve to shelter the homes they surround from extremes of climate in winter and summer. They also provide protection from the strong west winds at this height. It is thanks to the commitment and solidarity of the local community that this unique cultural heritage of the village has been preserved.

In de hoger gelegen dorpen rond Monschau staan de oude boerderijen achter hoge windhagen van rode beuken. Het duurt vele tientallen jaren voor men met veel werk een zó dichte haag heeft gekweekt. De bijna huizenhoge beukenheggen, die de bewoners van de daarachter gelegen huizen 's zomers en 's winters aan een gelijkmatiger klimaat helpen, vormen ook een bescherming tegen de op deze hoogten sterke westenwinden. Het behoud van het cultuurgoed Höfen is te danken aan de speciale inzet en verbondenheid van de aanwonenden.

„Diligence Linie" – Postkutsche im Monschauer Land

The Diligence Line – stagecoach near Monschau · postkoets "Diligence" in en rondom Monschau

Ende des 19. Jahrhunderts hatte auch in der damals noch im Fortschritt vernachlässigten Eifel die Eisenbahn Einzug gehalten. Das war das Ende der meisten Postkutschen-Linien, doch hier bei Simmerath hat man sich ein Stück Nostalgie bewahrt. Die alte Postkutschen-Linie „Diligence" betreibt ihren Fahrbetrieb bis heute. In den Sommermonaten kann jeder am Sonntagnachmittag und nach Vereinbarung eine Kutschfahrt durch das malerische Tal zwischen Einruhr, Erkensruhr und Jägersweiler unternehmen.

By the end of the 19th century, railways had reached the Eifel, even though the Industrial Revolution had left the region something of a backwater. The introduction of the railway signalled the demise of mail transport by stagecoach, but in Simmerath the old horse-drawn "Diligence" is still running, as a nostalgic reminder of those bygone days. During the summer months you can enjoy on Sunday afternoon, or for an special booking, a ride on the stagecoach along the picturesque valley route through the villages of Einruhr, Erkensruhr and Jägersweiler.

Aan het eind van de 19de eeuw werd ook hier de toentertijd enigszins achtergebleven Eifel door de aanleg van een spoorlijn voor de buitenwereld ontsloten. Dat betekende toen het einde van de meeste postkoetsverbindingen, maar hier bij Simmerrath is nog een stukje nostalgie bewaard gebleven. De oude postkoetsverbinding "Diligence" is tot op de dag van vandaag nog springlevend. In de zomermaanden kun je in de weekenden een rit met de postkoets door het schilderachtige dal tussen Einruhr en Erkensruhr, Jägersweiler en Dedenborn maken.

Hellenthal, die Wiege der einst in der europäischen Welt berühmten Eifeler Eisenindustrie, etabliert sich heute mehr als Naherholungsgebiet mit seinen Sehenwürdigkeiten, besonders seit dem Bau der Oleftalsperre. Wintersportler schätzen die herrlichen Hellenthaler, Hollerather und Udenbrether Schneegefilde. — Die Wildgehege der Eifel beherbergen in ihren großen Anlagen das vorwiegend aus Deutschland und besonders der Region der Eifel stammende Hochwild, wie auch hier in Hellenthal. Eine Besonderheit sind auch die Greifvogelwarten in Hellenthal und Kasselburg .

Hellenthal, the cradle of the Eifel iron industry, once renowned across Europe, has more natural things on offer nowadays, including the Olef Reservoir. Winter skiers make the most of the snowy slopes around Hellenthal, Hollerath and Udenbreth. — In the extensive wild-life parks in Kommern, Hellenthal, Daun, Kasselburg near Gerolstein and Gondorf near Bitburg domestic German and Eifel game can be viewed from close quarters. Hellenthal and Kasselburg also have birds of prey.

Hellenthal, de wieg van de ooit binnen de Europese wereld beroemde Eifeler ijzerindustrie, is vandaag de dag vooral een bekend luchtkuuroord. Wintersporters kennen de schitterende sneeuwgebieden rond Hellenthal, Hollerath en Udenbreth. — De wildparken Kommern, Hellenthal, Daun, Kasselburg bij Gerolstein en Gondorf (bij Bitburg) herbergen in hun grote complexen het overwegend uit Duitsland en de Eifel afkomstige grootwild, dat men daar van dichtbij kan beleven. Hellenthal en Kasselburg beschikken daarnaast over roofvogelvolières.

BURGSIEDLUNG REIFFERSCHEID und die Wildenburg in der Nähe (u.r.)

Reifferscheid castle and village – Wildenburg, near Reifferscheid (inset) · **Reifferscheid, burchtnederzetting en de Wildenburg bij Reifferscheid (r.b.)**

Es lebte sich geborgen unter der Burgenherrlichkeit! In Reifferscheid ducken sich die Häuser des Oberdorfes noch immer unter dem wuchtigen Bergfried und der Wehrmauer. Da stehen die schmucken Fachwerkhäuser wie an den Fels geklebt. Auch die Pfarrkirche ist in den Befestigungsring hinter den Toren und Mauern mit einem Wehrturm einbezogen. Als klassische Burgsiedlung hat sie besonders den Maler Fritz von Wille und andere Künstler zu Darstellungen in Gemälden, Lithographien und Kupferstichen immer wieder inspiriert.

In the shadow of a castle people had nothing to worry about! In Reifferscheid the houses of the upper village still jostle around the mighty keep and walls. The pretty little timbered houses look as if they are glued to the rocks. The parish church was incorporated in the fortifications with a peel behind the gates and walls. Reifferscheid is a classic castle settlement and as such inspired the painter Fritz von Wille in particular, but also other artists, to reproduce it in paintings, lithographs and copperplate engravings.

Men leefde geborgen onder de heerlijkheid van de burchten! In Reifferscheid gingen de huizen van het bovendorp nog altijd gebukt onder de zware belfort en de verdedigingsmuur. Daar staan de fraaie vakwerkhuizen als aan de rots geplakt. Ook de parochiekerk is in de verdedigingsring achter de poorten en muren met een verdedigingstoren geïntegreerd. Als klassieke burchtnederzetting heeft dit stadje met name de schilder Fritz von Wille en andere kunstenaars tot taferelen geïnspireerd in schilderijen, lithografieën en kopergravures.

Im waldreichen oberen Tal der Olef überragen das Schloss und die spätgotische Schlosskirche das schöne Panorama der Stadt Schleiden. Neben dem mittelalterlichen Baukern hat sich hier eine moderne Schul- und Gewerbestadt entwickelt. „Sleida" heißt der Ort in den ältesten Urkunden; das fränkische Wort „Schlada" bezeichnet ein schluchtenreiches Tal. Sleidanus nannte sich auch der berühmte Geschichtsschreiber, weil er hier geboren war. Der andere große Sohn der Stadt war der Humanist Johannes Sturm.

Schleiden is situated half-way along the Olef valley and has a castle and a late-Gothic castle church. Around the medieval centre, a thriving modern town with schools and commerce has developed. "Sleida" is the historical name found in early records: The Franconian word "Schlada" is the name for a deep valley with gorges. The famous historian Sleidanus called himself by this name because he was born here. The other great son of the town, the humanist Johannes Sturm, was the founder of Strasbourg University.

In het bosrijke hoger gelegen dal van de Olef domineren het kasteel en de laat-gotische kasteelkerk het fraaie panorama van de stad Schleiden. Naast de middeleeuwse bouwkern is hier een moderne school- en nijverheidsstad tot ontwikkeling gekomen. „Sleida" of „Sleidene" heet de plaats in de oudste oorkonden, het Frankische woord „Schlada" (Engels: slade) duidt een dal aan met vele ravijnen. Sleidanus heette ook de beroemde geschiedschrijver, omdat hij hier geboren werd. Een andere grote zoon van de stad was de humanist Johannes Sturm.

Nach der fast 60-jährigen Nutzung als Truppenübungsplatz durch britisches und belgisches Militär wurde das Gebiet Vogelsang im Januar 2006 wieder der Öffentlichkeit zurückgegeben. Die Anlage mit dem ehemaligen Propagandabau der „NS-Ordensburg" entwickelt sich heute zu Begegnungstätte, Besucherzentrum, Dokumentation und Jugendherberge in einem. — Auf den Wallfahrtsort zu Ehren der Mutter Gottes (seit 1470) geht die Gründung des Zisterzienserklosters Mariawald (1480) zurück. 300 Jahre wurden hier die Pilger aus aller Welt betreut, heute befindet sich hier ein Trappistenkonvent.

After having been used by the British and Belgian army as an exercise ground for almost sixty years, Burg Vogelsang became public property in January 2006.The whole site, including the former Nazi training school, has now been converted to an academy, with a community centre, visitor centre, documentation centre and youth hostel all in one. — The monastery of Mariawald was founded in 1480, at the site of a wayside shrine renowned for its miracle-working Madonna. Today it is the home of the Trappists, an order of monks that discourages speech.

Nadat het gebied Vogelsang door het Belgische leger bijna 60 jaar als militair oefenterrein was gebruikt, werd het in januari 2006 weer voor het publiek opengesteld. Het complex met de voormalige propagandagebouwen van de „NS-Ordensburg" ontwikkelt zich nu tot een ontmoetingslocatie, een combinatie van bezoekers- en documentatiecentrum en jeugdherberg. — 1480 geleden ontstond uit een populaire vereringsplaats van een als wonderen volbrengend beeld van de Moeder Gods op de Kermeter het klooster Mariawald, tegenwoordig abdij van de zwijgende monniken, de Trappisten.

HEIMBACH mit Burg Hengebach (11. Jh.)

Heimbach and Castle Hengebach (11th century) · Heimbach, met de burcht Hengebach (11de eeuw)

Als die kleinste Stadt Nordrhein-Westfalens liegt das idyllische Städtchen direkt an den üppigen Wäldern des Rurtales. Malerisch thront die Burg über der Rur auf einem schmalen Felsgrad und blickt auf eine fast 1000-jährige Vergangenheit zurück. In der Pfarrkirche St. Clemens finden noch heute die Pilger einen Ort der Stille, aber auch Kunstliebhaber können sich an der barocken Schönheit und den sakralen Kunstschätzen satt sehen. Zur Wasserregulierung der Rur wurden das Heimbacher Staubecken und die Rurtalsperre Schwammenauel errichtet.

Heimbach, the smallest town in the state of North-Rhine Westphalia, enjoys an idyllic location on the edge of the thick forests of the Rur valley. The castle, whose history stretches back almost a thousand years, rises picturesquely above the rooftops on a narrow ridge of rock. Even today, pilgrims find an oasis of peace in St Clement's church, and art lovers, too, can feast their eyes on its Baroque beauty and ecclesiastical treasures. Heimbach's elegant Art Nouveau waterworks (1904) host an annual Chamber Music Festival that has gained international renown.

Als de kleinste stad van Noordrijn-Westfalen ligt het idyllische stadje direct tegen de weelderige bossen van het Roerdal. Schilderachtig troont de burcht boven de Roer op een smalle rotskam en kijkt terug op een bijna 1000-jarige geschiedenis. In de St. Clement-kerk vinden de pelgrims ook nu nog een stilteoord; kunstliefhebbers kunnen hier echter ook hun hart ophalen aan de barokke schoonheid en de sacrale kunstschatten. Om aan de energiebehoefte van de krachtcentrales Heimbach en Schwammenauel te kunnen voldoen, werd al in 1932 het Heimbacher Rur Stuwbekken aangelegd.

Die Rur entspringt auf zirka 650 Metern im Hochmoor des Hohen Venn. Für Kanuten ist besonders die Wildwasserstrecke der Hohen Rur bis kurz vor Monschau ein ganz besonderer Leckerbissen. Nur an den wenigen Tagen der Schneeschmelze oder nach starkem Regen ist diese Strecke zu befahren. Hier ziehen eine schnelle Strömung, interessante Kehrwässer und ein landschaftlicher Genuss mit dem Rurwasser die starken Gefälle bergab. Aber auch die Strecken durch und unterhalb Monschaus bieten ein reizvolles Wildwasserareal.

The River Rur rises at a height of about 650 metres in the high, bleak marshlands of the North Ardennes forest known as the Hohe Venn. The rapids of the scenic upper reaches of the river above Monschau, although only navigable for a short period after the snow melts or after heavy rain, hold a special attraction for expert wild water canoeists. The current is fast and very strong here, with challenging eddies and some steep gradients. Possibilities for wild water canoeing are equally attractive downstream, in Monschau and beyond.

De Roer ontspringt op een hoogte van 650 m in het hoogveen van de Hohes Venn. Voor kano's is vooral het wildwatertraject van de Hohe Rur tot vlak voor Monschau het neusje van de zalm. Dit traject is maar enkele dagen per jaar bevaarbaar; na het smelten van de sneeuw of na sterke regenval. Terwijl je hoogteverschillen overwint, kun je hier op het water van de Roer door de snelle stroming, via interessante keerwaters en landschappelijke juweeltjes stroomafwaarts varen. Maar ook parcours door en ten zuiden van Monschau bieden attractieve wildwatertrajecten.

TALSPERRE SCHWAMMENAUEL, Rursee bei Heimbach

Schwammenauel reservoir, the Rursee near Heimbach · Stuwdam Schwammenauel, meer van de Roer bij Heimbach

RURSTAUSEE, der zweitgrößte Stausee Deutschlands

The Rursee, the second largest reservoir in Germany · Stuwmeer van de Roer, het op één na grootste stuwmeer van Duitsland

RURSEE bei Nideggen-Schmidt

The Rur Lake near Schmidt · Het Roermeer bij Schmidt

Den mächtigen Gebirgsriegel zwischen Urft und Rur beherrscht der sagenumwobene Kermeter-Hochwald. Ehemals das herrliche Jagdrevier der Karolinger, der Erzbischöfe von Köln und der Herzöge von Jülich, zählt er heute zum größten und prächtigsten Waldgebiet der Eifel. Hier befindet sich auch der Rursee. – Nideggen ist Ausflugs- und Erholungsort im südlichen Zipfel des Dürener Landes, genau da, wo sich die Eifel in die Kölner Bucht hinein absenkt. Von der Macht der Grafen und Herzöge von Jülich zeugen noch die umfangreichen Reste ihrer Stammburg auf hohen Buntsandsteinfelsen.

Kermeter forest, a place steeped in legend, dominates the mighty heights between the River Urft and the River Rur. Once the hunting grounds of the Carolingians, the archbishops of Cologne and the dukes of Jülich, it is now one of the largest and finest areas of forest in the Eifel. – Nideggen is a popular tourist destination in the southern tip of the Düren area, where the Eifel dips down into the Cologne basin. The extensive remains of their ancestral castle rising up above the Rur valley on a sandstone rock, give an idea of the power of the former Counts and Dukes of Jülich in times gone by.

De imposante bergketen tussen Urft en Roer wordt beheerst door het legendarische Kermeter-loofbos (carmetum = haagof beukenwoud). Ooit het heerschappelijke jachtgebied van de Karolingers, van de aartsbisschoppen van Keulen en van de hertogen van Gulik, behoort het vandaag de dag tot het grootste en prachtigste bosgebied van de Eifel. – Nideggen is een toeristische en recreatieplaats op het zuidelijke puntje van het Dürener Land, daar waar de Eifel naar de Keulse Bocht toe vlakker wordt. Van de macht van de graven en hertogen van Gulik getuigen nog de uitgebreide resten van hun stamburcht op hoge bonte zandsteen-rotsen.

BURG NIDEGGEN, Stammburg der Herzöge von Jülich

Nideggen, castle, family seat of the Dukes of Jülich · Burcht Nideggen, stamburcht van de hertogen van Jülich

Tore und Stadtmauer umgeben den Kern der alten Landstadt Zülpich noch wie in mittelalterlicher Zeit. Einst war sie ein bedeutsames Kastell der Römer auf der großen Straße Trier-Köln-Xanten. Heute ist die Stadt immer noch wichtiger Knotenpunkt im Straßenkreuz zwischen Maas und Rhein, zwischen Norden und Süden. Jedes Schulkind hört von der Schlacht bei Zülpich im Jahre 496, aus deren Folge das christliche Abendland entstand. Die erstaunliche Entdeckung der luxuriösen Römerthermen in Zülpich wurde in den 1930er Jahren gemacht, daraus entstand ein modernes Museum der Badekultur.

Gated town walls encompass the centre of the country town of Zülpich as in medieval times. Once a vital Roman fort on the Trier-Cologne-Xanten axis, it is still an important centre for road traffic between the Maas and the Rhine, North and South. The Battle of Zülpich in the year 496, every German schoolchild covers in history lessons. The battle marked the beginnings of Christianity in the West. The astonishing discovery of the luxurious Roman Spa in Zülpich was made in the 1930's, it has developed into a modern museum of spa culture.

Poorten en stadsmuur omgeven het centrum van de oude plattelandsstad Zuelpich nog als in de middeleeuwse tijd. Ooit een belangrijk castellum van de Romeinen in grote route Trier-Keulen-Xanten, is het nog steeds een belangrijk knooppunt in het wegenkruis tussen Maas en Rijn, tussen noord en zuid. Ieder schoolkind hoort van de slag bij Zuelpich in het jaar 496 tussen de Frankische koning Clovis I. en de Alemannen, als gevolg waarvan het christelijke avondland ontstond.

△ Kurkölnische Landesburg Zülpich

△ Kölner Tor, Korbhandel wie im Mittelalter

▽ Römerthermen Zülpich - Museum der Badekultur

Rund 65 Baudenkmäler aus der Eifel, dem Westerwald, dem Bergischen Land und vom Niederrhein sind im Rheinischen Freilichtmuseum in Kommern in ihrem ursprünglichen Zustand wieder aufgebaut worden. In Baugruppen kann man auf 95 ha Wohnhäuser, Werkstätten, Windmühlen und ein altes Schulhaus besichtigen. Auch historische Waldwirtschaftsformen wie die Köhlerei werden anschaulich demonstriert. Die Dauerausstellung „WirRheinländer" bietet einen interessanten Einblick in das Leben der Menschen einer rheinischen Kleinstadt vom 18. bis 20. Jahrhundert.

Round about 65 historical houses from Eifel, Westerwald, Bergisches Land and Lower Rhine have been transported to the Folk Museum in Kommern and were re-erected in their original form. Living quarters, workshops and windmills are grouped together on this 95-hectare site in small villages. Visitors are also given explanatory demonstrations of historic forestry crafts such as charcoal burning. The permanent exhibition entitled "We Rhinelanders" gives an insight into daily life in a small Rhenish town of the 18th to 20th century.

65 bouwmonumenten uit de Eifel, de Westerwoud en het Bergische Land en van de Benedenrijn zijn in het Rijnlandse openluchtmuseum in Kommern. In verschillende modules kan men op 75 ha woonhuizen, werkplaatsen, windmolens bezichtigen. Ook historische vormen van bosbouw zoals de kolenbranderij worden aanschouwelijk gedemonstreerd. Sinds 2006 biedt de permanente tentoonstelling "Wij Rijnlanders" een kijkje in het leven van de mensen in een kleine stad in het Rijnland.

△ Jahrmarkt anno 1840 ▽

△ Musikautomat

▽ Dauerausstellung „WirRheinländer" (Kriegsszene II. Weltkrieg)

△ Fahrender Krämer ▽ Jahrmarktsspiel mit preußischen Gendarmen ▽ Bäuerin im 18. Jahrhundert △ Feuerschlucker

BURG SATZVEY, eine der romantischsten Wasserburgen des Rheinlandes

Satzvey castle, one of the Rhineland's most romantic moated castles · Burcht Satzvey, één van de meest romantische waterburchten van het Rijnland

Burgenromantik vor den Toren Euskirchens findet man noch in der zweiteiligen Burganlage Satzvey, dem Wohnsitz des Grafen Beissel von Gymnich am Veybach mit einem ausgedehnten Park. Das Wassergrabensystem rings um die Burganlage ist weitgehend erhalten geblieben. Hier wird zu allen Jahreszeiten bei verschiedenen Veranstaltungen das Mittelalter wieder lebendig. Man erlebt Ritterturniere, Gaukler, Musikanten und mittelalterliche Handwerkermärkte. Auch für Familienfeste, Konzerte, Halloween- und Geisternächte ist die Burg im ganzen Rheinland bekannt.

Just outside Euskirchen lies the romantic castle of Satzvey, with its two main buildings surrounded by an extensive park. The old moat system around the castle has been largely preserved. An experience not to be missed for those interested in medieval history is the annual tournament season at Satzvey Castle, with historically accurate enactments of medieval jousting. The castle is also famous throughout the Rhineland for its family events, concerts, and Halloween and Ghost Festivals.

Burchtromantiek voor de poorten van Euskirchen vindt men nog in het tweedelige burchtcomplex Satzvey, de woonplaats van de graaf van Beissel aan de Veybach in een royaal park. Het waterslotensysteem rondom het burchtcomplex is verregaand behouden gebleven. Hier worden in alle jaargetijden bij verschillende evenementen de middeleeuwen weer tot leven gewekt. Men maakt hier riddertoernooien, tovenaars, muzikanten en een middeleeuwse handwerkermarkt mee. De burcht staat in het gehele Rijnland ook bekend vanwege familiefeesten, concerten, Halloween- en spooknachten.

„Düvelsoder", Teufelsader, nannten die Einheimischen die ihnen unerklärliche römische Wasserleitung, welche die Stadt Colonia Agrippinensis (Köln) mit gutem Eifeler Trinkwasser jahrhundertelang versorgte. 77,6 Kilometer betrug die Länge dieses Wunderwerkes, das als das größte antike Bauwerk nördlich der Alpen gilt. Die Kalkbrennerei in Bad Münstereifel-Iversheim ist eine archäologische Sensation, sie wurde zwischen 100 und 300 n. Chr. betrieben. – Der ca. 300.000 Jahre alte Kalkfelsen der Kakushöhle wurde schon vor 80.000 Jahren von Neandertalern bewohnt. Eine Sage munkelt, hier soll früher ein Riese namens Kakus gehaust haben.

"Devil's vein" is what the locals called the incomprehensible Roman aquaduct that for centuries provided the city of Colonia Agrippinensis (Cologne) with good-quality drinking water from the Eifel. This technical masterpiece was 77.6 kilometres long and is reckoned to be the largest construction of the ancient world north of the Alps. The lime kiln in Bad Münstereifel-Iversheim is an archaeological sensation, it was operated 100-300 AD. – This limestone rock, which is about 300,000 years old, was inhabited by Neanderthalers around 80,000 years ago. According to legend a giant named Kakus was once the occupant of this place.

„Duevelsoder", duivelsader, noemden de mensen uit deze streek de voor hen onverklaarbare Romeinse waterleiding, die de stad Colonia Agrippinensis (Keulen) eeuwenlang voorzag van goed drinkwater uit de Eifel. 77,6 kilometer bedroeg de lengte van dit wonderbaarlijke bouwwerk.en geldt als het grootste antieke bouwwerk ten noorden van de Alpen. De kalkoven in Bad Münstereifel-Iversheim is een archeologische sensatie, werd bediend 100-300 AD. — De ca. 300.000 jaar oude kalkrots werd al zo'n 80.000 jaar geleden door Neanderdalmensen bewoond. Volgens een oude sage moet hier vroeger een reus met de naam Kakus hebben gewoond.

△ Römischen Wasserleitung bei Urft ▽ Römische Kalkbrennerei Bad Münstereifel

Kloster der Salvatorianer zu STEINFELD bei Urft

Salvatorien Monastery Steinfeld near Urft · Klooster van de Salvatorianen in Steinfeld bij Urft

Steinfeld, die Eifel-Abtei der Prämonstratenser und seit 1923 der Salvatorianer-Padres, ist ein kunst- und kulturgeschichtliches Denkmal. Die heute moderne Erziehungs- und Bildungsanstalt der Mönche genießt hohes Ansehen. Viele Kunstschätze geben immer noch Kunde von der Bedeutung dieser eindrucksvollen Klosterstätte auf rauer Eifelhöhe und der Kultur ihrer Zeit. Die Basilika von Steinfeld ist eine der schönsten, ältesten und geheimnisvollsten Weihestätten der Eifel. Die Abgeschiedenheit des Klosters wirkt entspannend und beruhigend auf Körper, Geist und Seele, besonders in der heutigen Zeit.

Steinfeld, the Eifel home of the Premonstratensian order and since 1923 of Salvatorian monks, is an important centre for art and the history of civilisation. The modern educational institution run by the monks enjoys respect and a considerable reputation. Many artistic treasures bear witness to the cultural importance of this monastery in the harsh uplands of the Eifel. The basilica is one of the finest, oldest and most mysterious places of worship in the region. The cloistered life of the monastery has a relaxing and soothing effect on body, mind and soul, especially welcome in this day and age.

Steinfeld, de Eifel-abdij van de Premonstranten en sinds 1923 van de Salvatorianer-paters, is een kunst- en cultuurhistorisch monument. De tegenwoordig moderne opvoedings- en opleidingsinrichting van de monniken geniet groot aanzien. Vele kunstschatten leggen nog steeds getuigenis af van de betekenis van dit indrukwekkende klooster op de ruige Eifelhoogvlakte voor de cultuur van hun tijd. De basiliek van Steinfeld is één van de mooiste, oudste en geheimzinnigste gewijde plaatsen in de Eifel. De afzondering van het klooster heeft een ontspannend en rustgevend effect op lichaam, geest en ziel, met name in de huidige tijd.

Als Wallfahrtsort zum Grabe des heiligen Mönchs Hermann-Joseph, aber auch als alljährlich würdiger Schauplatz großer und bedeutender Musikfeste wird Kloster Steinfeld viel besucht. Einen Beitrag zur Weiterführung des kulturellen Auftrages bilden die musikalischen Darbietungen in Liturgie und Konzerte in der romanischen Basilika. Auch Musik- und Meisterkurse werden alljährlich durchgeführt. Im Mittelpunkt des musikalischen Geschehens steht zweifellos die mittlerweile weltberühmte „König-Orgel", die sowohl Interpreten wie auch Zuhörer gleichermaßen in ihren Bann zieht.

It is a place of pilgrimage, being the site of the grave of the holy monk Hermann-Joseph, but also a very appropriate setting for an important and highly-valued annual music festival. The musical presentations in Liturgie and concert form a contribution for the continuation of the cultural order in the romanic Basilika. Also music and master courses are accomplished annually here. In the center of the musical happening the meanwhile world-famous "king organ" is certainly located, which draws both interpreters and listeners equally into its spell.

Als bedevaartsoord aan het graf van de heilige monnik Hermann-Joseph, maar ook als jaarlijks, waardig toneel voor grote en belangrijke muzikale feesten wordt klooster Steinfeld veelvuldig bezocht. Een bijdrage aan het voortzetten van de culturele opdracht, vormen de muzikale opvoeringen in liturgie en concert in de Romaanse basiliek. Ook muziek- en meestercursussen worden hier ieder jaar gehouden. In het middelpunt van het muzikale gebeuren staat ongetwijfeld het inmiddels wereldberoemde "Koenig-orgel", dat zowel muzikanten als luisteraars in even grote mate aantrekt.

Seit 1990 ist Nettersheim in der Kategorie unter 10.000 Einwohnern die Bundeshauptstadt des Naturschutzes. Im Naturschutzzentrum wird rund um das Jahr ein informatives und interessantes Programm für Groß und Klein geboten. Natur leben und erleben ist hier das Motto. Auch als Holzkompetenzzentrum hat Nettersheim sich einen Namen gemacht. Wandern auf Themenstraßen, der Europäischen Holzroute oder entlang der Römischen Wasserleitung sind beliebte Touren. In der Nähe des Ortes befindet sich die „Görresburg", ein gallo-römischer Tempelbezirk mit dem Matronenheiligtum, einem keltischen Fruchtbarkeitskult.

Since 1990, Nettersheim has been the federal nature conservation capital in the category of towns with under 10,000 inhabitants. The Nature Conservation Centre provides an informative and interesting programme for adults and children all year round, with the emphasis on living with and experiencing nature. Nettersheim has also made a name for itself as a centre of excellence for woodland industries. Popular theme routes for hikers include the European Wood Path and Roman Aqueduct Path. In nearby Görresburg there is a Gallo-Roman temple precinct with a shrine to the Matrones, female deities of a Celtic fertility cult.

Sedert 1990 is Nettersheim de BRD-hoofdstad van de natuurbescherming in de categorie met minder dan 10.000 inwoners . In het centrum voor natuurbescherming wordt het hele jaar door een informatief en interessant programma voor groot en klein aangeboden. Hier is het motto natuur leven en beleven. Nettersheim heeft ook faam verworven als vakcentrum voor hout. Wandelen op themastraten, de Europese houtroute of langs de Romeinse waterleiding vormen populaire tripjes. In de buurt van de plaats bevindt zich de „Görresburg", een Gallo-Romeinse tempelplaats met het Matronae-heiligdom, een Keltische vruchtbaarheidscultus.

△ Blick auf Nettersheim - Bundeshauptstadt des Naturschutzes und Holzkompetenzzentrum

△ Römisches Bauwerk, das Matronenheiligtum „Görresburg" bei Nettersheim

▽ Mit dem Naturzentrum Eifel auf Entdeckungsreise an der Urft

▽ Das Korallenriffaquarium des Naturschutzzentrums Nettersheim – die Eifel vor 380 Mio. Jah

MICHELSBERG mit der Wallfahrtskapelle St. Michaelis, bei Mahlberg / Bad Münstereifel

Michelsberg and the pilgrimage chapel of St. Michael near Mahlberg · **Blik op de Michelsberg met de bedevaartskapel St. Michaelis, Mahlberg**

Mit seinen 586 Metern diente der Basaltkegel des Vulkanes als Berg des Gerichtes (Mahal) oder Mahlberg. Allem Anschein nach war er schon zu germanischen und keltischen Zeiten Opferstätte. Obwohl schon seit dem 9. Jahrhundert der Abtei Prüm zugehörig, wurde der Berg erst im 14. Jahrhundert dem heiligen Michael geweiht und eine Kapelle gebaut. Daraufhin setzten die Wallfahrten ein. Jedes Jahr am 29. September wird über den Kreuzweg der Berg bestiegen, und als Belohnung kann man vom Turm der Kapelle aus den sagenhaften Rundumblick bis in die Kölner Buch genießen.

The 586-metre high basalt volcanic cone was once used as a 'Mahal', or hilltop tribunal, hence the present name Mahlberg, meaning Mahal Hill. By all indications, the hill was a place of sacrifice in Germanic and Celtic times. In the 9th century it came into the possession of the abbey of Prüm, and in the 14th century the site was dedicated to St Michael and a hilltop chapel was erected. The chapel became a place of pilgrimage, and every year on September 29, a procession winds up to it past the Stations of the Cross. The splendid panoramic view from the chapel tower extends as far as the Cologne lowlands.

Met zijn 586 meter diende de basaltkegel van de vulkaan als berg van de rechtbank (Mahal) of Mahlberg. Naar alle schijn was hij al in Germaanse en Keltische tijden een offerplaats. Hoewel hij al vanaf de 9e eeuw bij de abdij Prüm hoorde, werd de berg pas in de 14e eeuw aan de heilige Michael gewijd en werd er een kapel gebouwd. Daarna begonnen de bedevaarten. Elk jaar op 29 september wordt de berg beklommen via de kruisweg, en als beloning kan vanaf de toren van de kapel worden genoten van het fantastische uitzicht naar alle kanten, tot in de Keulse Bocht.

Von den vielen Fachwerkhäusern der Stadt ist das Windeckhaus eines der eindrucksvollsten. Es ist das größte einer Gruppe alter Fachwerkhäuser in der Orchheimer Straße, errichtet in den Jahren 1644 bis 1664. Reiches Schnitzwerk und zwei Hängestubenerker machen es zu einem der schönsten Fachwerkhäuser des Rheinlandes. Im nachgewiesen ältesten Naturstein-Wohnhaus Westdeutschlands aus dem Jahre 1167 ist heute das „Hürten-Heimatmuseum" untergebracht.

One of the finest timbered houses in the town is the Windeckhaus. The largest of a group of old half-timbered houses was established in the Orchheimer road in the years 1644 to 1664. Rich carving work and two hanging room oriels make it one of the most beautiful half-timbered houses of the Rhine country. In the oldest natural stone house in the German West, stemming from the year 1167, the „Hürten local history museum" is accommodated today.

Van de vele vakwerkhuizen is het Windeckhuis één van de meest indrukwekkende. Het is het grootste van een groep van oude vakwerkhuizen aan de Orchheimer Strasse, gebouwd in de jaren 1644 tot 1664. Schitterend houtsnijwerk en twee hangende kamererkers maken het tot één van de fraaiste vakwerkhuizen van het Rijnland. In het aangetoond oudste natuurstenen woonhuis van West-Duitsland uit het jaar 1167, is tegenwoordig het „Huerten"-heemkundig museum ondergebracht.

BAD MÜNSTEREIFEL, Stadtblick mit Burgturm und Kurhaus

Bad Münstereifel, city with castle tower and health-resort · **Bad Münstereifel, Uitzicht op de stad met kasteel toren en spa**

Im Mittelalter berühmt als Stadt der Wallfahrer und Wollenweber, wird Bad Münstereifel heute stark von Tagesausflüglern besucht. Ihr mittelalterliches Gepräge hat Bad Münstereifel trotz des touristischen Andrangs und der Kurgäste wie kaum eine andere Eifelstadt bewahrt. Gut erhalten ist die geschlossene alte Stadtbefestigung mit Ringmauer, vier Toren, achtzehn Türmen und die aus der Karolingerzeit stammende stattliche Burganlage. Das „Rote Rathaus" aus dem 15. Jahrhundert ist eines der wenigen erhaltenen gotischen Rathäuser im Rheinland.

Bad Münstereifel, famous as a place of pilgrimage and a weaving town in the Middle Ages, is now a popular Kneipp spa. The town has retained its medieval character, despite the modern spa facilities, probably more than any other town in the Eifel. The old fortifications, consisting of a ring wall with four gates, 18 towers and an impressive castle going back to Carolingian times, are well preserved. The "red town hall" dating from the 15th century is one of the few Gothic town halls still remaining in the Rhineland.

In de middeleeuwen beroemd als stad van de bedevaartgangers en wolwevers, wordt Bad Muenstereifel vandaag de dag intensief door dagjestoeristen bezocht. Zijn middeleeuwse karakter heeft Bad Münstereifel ondanks het toeristische interesse en de kuurgasten als nauwelijks een andere stad in de Eifel weten te bewaren. Goed behouden is de gesloten oude stadsverdediging met ringmuur, vier poorten, achttien torens en het uit de Karolingische tijd stammende. Het "rode stadhuis" uit de 15e eeuw is één van de weinig behouden gebleven gotische stadhuizen in het Rijnland.

△ Blick zum historischen Rathaus

△ Werther Tor

▽ Orchheimer Tor

▽ Historischer Umzug am Orchheimer Tor

△ Euskirchen, Alter Markt

▽ Stadtblick mit der kath. Kirche St. Martin, welche ihre Ursprünge zwischen 650 und 750 n. Chr. hat

▽ Leierkasten-Orchester in der Neustraße

EFFELSBERG, eines der größten vollbeweglichen Radioteleskope der Welt

Effelsberg, the fully steerable radio telescoppe · Effelsberg, volledig beweegbare radiotelescoop

Die Kreisstadt Euskirchen liegt in der an Wasserburgen reichsten Gegend Deutschlands. Sie ist umgeben von 12 Wasserburgen, die alle ihren eigenen Charakter besitzen. Die alte Handwerkerstadt wurde von Ledergerbereien und den Tuchwebern geprägt. — Das riesige „Weltraumohr"in Effelsberg, mit nicht weniger als 100 Metern Durchmesser, fängt die feinsten Strahlungen und Wellen aus einer Entfernung von Milliarden von Lichtjahren aus dem Weltraum auf. Es hat eine Höhe von 100 Metern und gilt als eines der größten vollschwenkbaren Radioteleskope der Welt. Seine Justiergenauigkeit beträgt 0,25 Millimeter.

The greatest concentration of moated castles in Germany can be found around Euskirchen. There are no less than twelve, all with their own special character. Euskirchen is an old craftsmen's town where tanners and weavers once abounded. — The radio telescope in a small valley out in the unspoilt countryside not far from Bad Münstereifel reaches up towards the sky, a technical miracle. With its huge "ear" of no less than 100 metres diameter, it picks up the tiniest waves from the depths of space thousands of millions of miles away. It weighs 3200 tonnes, and one of the largest fully rotatable radio telescope in the world..

Euskirchen, de hoofdstad van het district, ligt in een gebied dat de meeste waterburchten van Duitland heeft. Rondom de stad liggen 12 waterburchten die alle hun eigen karakter hebben. De meeste zijn tegenwoordig in particulier bezit en kunnen maar op bepaalde dagen worden bezichtigd. — Met zijn reusachtige "heelaloor" in Effelsberg van niet minder dan 100 meter diameter vangt het de fijnste stralingen en golven van een afstand van miljarden lichtjaren uit het heelal op. Het heeft een hoogte van 100 meter en geldt als de zwet grootste volledig zwenkbare radiotelescoop ter wereld. Zijn golfnauwkeurigheid is tot op 0,25 mm betrouwbaar.

▽ Hexenturm ehem. Gefängnis der Rheinbacher Burg (1180) ▽ Bachstraße △ Glasmuseum

Rheinbach am Rande der Eifel – eine alte Stadt mit historischen Akzenten, innovativ und engagiert bis zur Neuzeit. Durch Vertriebene aus Nordböhmen nahm die Glasveredelung und damit der Beginn einer glasklaren Zukunft Rheinbachs seine Anfänge. Heute gibt es in Rheinbach die Glasfachschule und ein Glasmuseum. In ganz Europa findet man keine andere Region mit solch einer Dichte an Burgen, Schlössern und Herrenhäusern, wie hier am Rande der Eifel. Aber auch die Kirchen und Klöster im Umkreis können viel aus der Vergangenheit erzählen.

Rheinbach is an old town with historic features that has nonetheless adapted to the modern world by means of innovative measures and commitment to progress. When refugees from northern Bohemia introduced the glass industry to the town, it marked the start of a crystal-clear future for Rheinbach, which today possesses a school of glass technology and a glass museum. No other region in Europe has as many castles, palaces and mansions as exist here at the border of the Eifel mountains. You will also find a rich heritage of churches and abbeys.

Rheinbach aan de rand van de Eifel, ontwikkelt zich als oude stad met historische accenten, innovatief en geëngageerd met zijn blik op de moderne tijd. Door vluchtelingen uit Noord-Bohemen begon de glasveredeling en daarmee de start van een glasheldere toekomst van Rheinbach. Nu vind je in Rheinbach een glasvakschool en een glasmuseum. In heel Europa is er geen regio te vinden waarin je zoveel burchten, kastelen en herenhuizen bij elkaar aantreft als aan de rand van de Eifel; bovendien kunnen ook de kerken en kloosters in de omgeving veel over het verleden vertellen.

Kommt man vom Rhein, bildet Bad Neuenahr, die Stadt der Quellen und Bäder, einen repräsentativen Eingang zur Eifel. Durch die heilkräftigen Mineral- und Thermalquellen aus vulkanischem Eifelboden hat sich das Heilbad zu einem Kurort mit internationalem Ruf entwickelt. Sehenswert sind vor allem der große Kurpark und das darin errichtete Kurhaus (1905). Man badet in den Ahrthermen in Mineralwasser aus 359 Metern vulkanischer Tiefe – eine Quelle, die Weltruhm erlangte. Die Spielbank im Kurhaus hat eine lange Tradition und ist ein Eldorado der eleganten Welt.

Bad Neuenahr with its mineral springs and spas is a fine gateway to the Eifel for those approaching it from the Rhineland. The spa has established a worldwide reputation thanks to its healing thermal springs that rise up out of the volcanic Eifel rock. The large Kurpark and the Kurhaus (1905) are particularly worthy of note. Here you can bathe in the world-famous mineral springs which gush up from the volcanic depths of 359 metres under the earth. Alternatively, you can experience the fascination of the gaming table in the elegant atmosphere of Bad Neuenahr casino.

Als men vanaf de Rijn komt, vormt Bad Neuenahr, de stad van de bronnen en baden, een representatief ingang naar de Eifel. Door de geneeskrachtige minerale en thermische bronnen uit de vulkanische Eifelbodem heeft het geneeskrachtig bad zich ontwikkeld tot een kuuroord van internationale faam. Bezienswaardig is vooral het grote kuurpark en het hierin gebouwde Kurhaus (1899-1901). Neem een bad in de Ahrthermen in mineraalwater vanuit een diepte van 359 m uit de vulkaan. Het casino in het Kurhaus heeft een lange traditie en is een El Dorado voor de elegante wereld.

Blick auf AHRWEILER an der Ahr mit der Kirche St. Laurentius

Ahrweiler, view to the chruch St Laurentius · Ahrweiler, uitzicht op de Sint-Laurentius Kerk

Der Stadtteil Ahrweiler ist eine Metropole inmitten des größten geschlossenen Rotweingebietes in Deutschland. Fast vollständig erhalten sind die Stadtbefestigungen aus dem 13. Jahrhundert mit Wallgraben, Toren und Türmen. Die Kirche St. Laurentius ist eine der ersten gotischen Hallenkirchen des Rheinlandes. Durch die sonnigen Weinberge links der Ahr führt der Rotweinwanderweg, der herrliche Ausblicke bietet. Er ist mit dem Symbol einer roten Traube von Altenahr aus bis nach Bad Bodendorf gekennzeichnet.

Ahrweiler as part of the municipal unit Bad Neuenahr-Ahrweiler is a busy town in the midst of the largest single red-wine growing area in Germany. The fortifications dating back to the 13th century, with a town wall, moat, gates and towers, have been preserved almost in their entirety. The church of St Laurentius was one of the first Gothic hall churches built in the Rhineland. The red-wine trail winds its way through the sunny vineyards on the left-hand side of the Ahr with fine views. The trail is marked with a red grape symbol and goes from Altenahr to Bad Bodendorf.

In de stad Bad Neuenahr-Ahrweiler is de stadswijk Ahrweiler een metropool temidden van het grootste aaneengesloten rode-wijn-gebied in Duitsland. Bijna volledig behouden gebleven zijn de stadsverdedigingsinrichtingen uit de 13e eeuw met een verdedigingsgracht, poorten en torens. De kerk St. Laurentius is één van de eerste gotische halkerken van het Rijnland. Door de zonnige wijnbergen links aan de Ahr voert de rode-wijn-wandelroute, die schitterende uitzichten biedt. Deze is met het symbool van een rode druif van Altenahr uit tot naar Lohrsdorf gemarkeerd.

Winzerfest in AHRWEILER – mittelalterliches Schmuckstück an der Ahr

Wine Festival in Ahrweiler, a medieval treasure chest on the Ahr · Wijn festival in Ahrweiler – middeleeuws sieraad aan de Ahr

Hier hat das Rheinische Schiefergebirge eine wunderbare Landschaftsstruktur geschaffen: steile Hänge sind zur Sonnenseite mit wärmendem Schiefer bedeckt. Dies bietet grandiose Voraussetzung für guten Wein; das hatten schon die Römer erkannt. In einem engen Flusstal, das zum Rhein hin ausläuft, liegt Ahrweiler und bildet mit dem Ahrtor den Eingang ins Ahrtal. Die fast autofreie Altstadt lädt zum Schlendern und Verweilen ein. Besonders reizvoll ist die Gegend, wenn das Weinlaub in leuchtenden Farben strahlt, die Weinlese und damit auch die Weinfeste beginnen.

Here, the Rhenish slate uplands have created an imposing landscape. The steep south-facing slopes, covered in heat-absorbing slate, provide excellent conditions for good wines, as the Romans discovered many centuries ago. Ahrweiler nestles in the narrow valleys of the Ahr that run down to the Rhine, and the sturdy Ahr Gateway marks the entrance to the upper Ahr valley. As an almost car-free town, Ahrweiler is an attractive place for pedestrians to while away the time. This area is especially beautiful when the vine leaves take on radiant autumn colours and the wine harvest and wine festival season begin.

Hier heeft het Rijnlandse leisteengebergte een prachtige landschapsstructuur geschapen: steile hellingen zijn aan de zonkant bedekt met verwarmende leisteen. Dit vormt een grandioze voorwaarde voor goede wijn; dat hadden reeds de Romeinen ingezien. In nauwe rivierdalen, die uitlopen tot aan de Rijn, ligt Ahrweiler en dit vormt met de Ahr-poort de toegang tot het dal van de Ahr. De bijna autovrije stad nodigt uit tot slenteren en verpozen. De omgeving is bijzonder fraai als het wijnloof in heldere kleuren straalt, en de wijnoogst, en dus ook de wijnfeesten beginnen.

◁ Bacchus beim Weinfestumzug in der Niederhutstraße ▽ △ Marktplatz

Rotweinwanderweg an der AHR

Red wine hiking trail on the Ahr · Rode wijn wandelpad op de Ahr

Das Rotweinparadies Deutschlands liegt an der Ahr. Ein Blauer Spätburgunder mit temperamentvoller und samtiger Note, ein „Portugieser", der feinfruchtig und mild zugleich mundet, da kommt der Weinkenner ins Schwärmen. Hier werden 85 Prozent der Rebsorten als rote Trauben angebaut. Das drittkleinste und nördlichste Weinanbaugebiet von Rheinland-Pfalz setzt auf Weine der Spitzenklasse, die schon oft prämiert wurden. Hier, auf der Sonnenseite im milden Klima des Ahrtals, lässt sich auch im Winter die herrliche Gegend genießen. Während der Weinlese herrscht allerdings Hochbetrieb.

The Ahr valley is Germany's red wine paradise. Wine-lovers go into raptures when Ahr wines flow around the palate – the Pinot Noir, for example, temperamental but with a velvety note, or the light yet elegantly fruity Portugieser. Along the Ahr 85 % of the grapes are used for red wine. As the third smallest and most northerly wine-making area of the Rhineland Palatinate, the Ahr aims to produce top-class wines that have often won awards. The romantic valley, and on the sunny side, the climate is mild enough for walkers to enjoy the splendid scenery even in winter. The grape harvest marks the height of the season.

Het rodewijnparadijs van Duitsland ligt aan de Ahr. Een "Blauer Spätburgunder" met een temperamentvol en fluwelen cachet, een "Portugieser" die ietwat fruitig en tegelijkertijd zacht smaakt, hier raakt elke wijnkenner in vuur en vlam. Hier wordt 85% van de wijnstokken als rode druiven verbouwd. Het op twee na kleinste en noordelijkste wijnbouwgebied van Rijnland-Palts zet in op wijnen van topklasse, die al vaak onderscheiden zijn. Door het wildromantische Ahrdal slingert het Rodewijnwandelpad. Hier aan de zonzijde, in het zachte klimaat van het Ahrdal kun je ook in de winter van de heerlijke streek genieten.

ALTENAHR mit der Burgruine Are auf dem Burgfelsen der Engelsley

Altenahr with the castle ruins of Are on Engelsley castle rock · Altenahr met de burchtruïne Are op de burchtrotsen van de Engelsley

AREMBERG bei Wershofen – höchste Erhebung des Ahrgebirges

Aremberg near Wershofen – the highest point of the Ahr mountains · **Aremberg bij Wershofen – hoogste punt in het Ahrgebergte**

Der Vulkan Aremberg ist mit seinen 623 Metern die höchste Erhebung des Ahrgebirges. Am Fuße des Berges schmiegt sich die gleichnamige Ortschaft an und auf dem Gipfel findet man die Reste einer Höhenburg, Burg Aremberg. Sie fand 1166 eine erste Erwähnung. Über die Jahrhunderte wurde sie von einer Festung zu einem glanzvollen Schloss umgebaut. Diese Veränderungen sind in den verschiedenen Ruinenresten noch zu erkennen, zum Beispiel an den Burgmauern oder an Linden im Schlossgarten. Die Burg gehörte der Familie Arenberg, die noch heute im Ausland großes Ansehen und Vermögen besitzt.

At a height of 623 metres, the volcanic peak of Aremberg marks the highest point of the Ahr mountains. At its foot stands the town of Aremberg, while on the peak can be found the remains of Burg Aremberg, a hilltop fort. The fort was first documented in 1166. Over the centuries it underwent many alterations and was eventually converted to a splendid palace. The modifications are still evident in various parts of the ruins, such as the castle walls or the lime trees in the castle grounds. The castle belonged to the influential House of Arenberg, who still hold extensive possessions abroad.

De vulkaan Aremberg is met zijn 623 meter het hoogste punt van het Ahrgebergte. De gelijknamige plaats vlijt zich tegen de voet van de berg en op de top vindt men de resten van een bergburcht, Burg Aremberg. Deze werd in 1166 voor de eerste keer vermeld. Zij is in de loop van de eeuwen omgebouwd van een vesting in een schitterend kasteel. Deze veranderingen zijn nog te herkennen in de verschillende ruïneresten, bij voorbeeld aan de muren van de burcht of linden in de kasteeltuin. De burcht was eigendom van de familie Arenberg, die in het buitenland nu nog steeds groot aanzien en vermogen bezit.

Romantikstadt BLANKENHEIM an der Ahr

Romantic Town Blankenheim on the Ahr · Romantische stad in de Ahr Blankenheim

Hoch türmen sich über dem Tal und dem ehemaligen Burgweiher die Häuser und Basteien der Burg Blankenheim auf. Hier residierten einst die Grafen von Blankenheim, eines der machtvollsten Geschlechter des Eifeladels. Sie waren mit Kaisern und Königen versippt, die ihre Burg zu einem Sammelort von Kunstwerken machten. Heute ist die Burg Treffpunkt und Raststätte der wandernden Jugend. Im Erdgeschoss eines Hauses am Steinpütz entspringt in Blankenheim die Ahr und rinnt als munteres Bächlein aus dem Viereck.

The buildings and bastions of Blankenheim Castle tower up above the valley and the former castle pond. The former Counts of Blankenheim resided here, one of the most powerful dynasties in the Eifel. They were related by marriage to kings and emperors, whose works of art found a home here. The rebuilt castle is now a centre and place of relaxation for today's youth. The source of the River Ahr is to be found on the ground floor of a house in Blankenheim. The frisky little stream flows out from amidst the pretty houses.

Hoog rijzen boven het dal en de voormalige burchtvijver de huizen en bastijen uit van de burcht van Blankenheim. Hier resideerden ooit de graven van Blankenheim, één van de machtigste geslachten van de Eifeladel. Ze waren familie van keizers en koningen, die van hun burcht een verzamelplaats van kunstwerken maakten. Vandaag de dag is de burcht een ontmoetingspunt en rustplaats voor de rondtrekkende jeugd. Op de begane grond van een huis aan de Steinpütz ontspringt in Blankenheim de Ahr en stroomt als monter beekje vanuit de vierhoek.

Der historische Ort Adenau liegt unmittelbar an der Nordschleife des Nürburgrings, was einen großen Einfluss auf die Wirtschaftsstruktur des Ortes hat. – Einst galt die Nürburg als eine der stärksten Festungen in der Eifel. Wer hätte im 11. Jh. schon gedacht, dass die Entwicklungen des 20. Jh. den Ort und seine Burg zu weltweitem Ruhm führen würden. Die Erfolgsgeschichte des Nürburgrings begann 1927. In den folgenden Jahren wurde die Renn- und Teststrecke mehrfach um- und ausgebaut. Mit der Grand-Prix-Strecke ist der Nürburgring den heutigen Renntechniken angepasst und gilt als eine der anspruchsvollsten Rennstrecken der Welt.

The historic town of Adenau is situated directly on the northern loop of the Nürburgring motor racing circuit, which plays a key role in the local economic structure. – Nürburg castle was once one of the most important forts in the Eifel. Back in the 11th century, nobody could have imagined that in the 20th century, castle and village would gain international fame. The success story of the Nürburgring began in 1927, and later years, both race and test track were reconstructed and extended many times. The Grand Prix track has been adapted to present-day standards, and is regarded as one of the most demanding racing circuits in the world.

De historische plaats Adenau ligt pal aan de noordelijke lus van de Nürburgring, wat een grote invloed op de economische structuur van de plaats heeft. – De Nürburg gold ooit als één van de sterkste vestingen in de Eifel. Wie had in de 11e eeuw al kunnen denken dat de ontwikkelingen van de 20e eeuw de plaats en haar burcht wereldwijde roem zouden bezorgen. De succesvolle historie van de Nürburgring begon in 1927. In de daaropvolgende jaren werd het race- en testparcours meerdere malen veranderd en verruimd. De Nürburgring is door het Grand-Prix-circuit aangepast aan de huidige racetechnieken.

NÜRBURGRING und Erlebniswelt Freizeitpark mit der Nürburg im Hintergrund

Nürburgring and the Adventure Park with Nürburg castle · Nürburgring met de Nürburg op de achtergrond

Blick zur HOHEN ACHT von der Wachholderheide bei Jammelshofen

View of the Hohe Acht from the juniper heath near Jammelshofen · **Blik op de Hohe Acht vanaf de jeneverbeshei bij Jammelshofen**

Die Hohe Acht ist der höchste Berg der Eifel. Vom Kaiser-Wilhelm-Turm (1908/09) auf der 747 m hohen Basaltkuppe des Vulkans genießt man eine herrliche Fernsicht über das Rheintal bis nach Köln, dem Siebengebirge, dem Westerwald und über die Nordeifel bis zu den Ardennen. Charakteristisch für die Landschaft um die Hohe Acht sind die Wacholderbestände und das Heidekraut. Vom Wacholder, dem Machandelbaum der Märchen, werden noch alte Spukgeschichten erzählt. Im Winter bietet die Hohe Acht mit Loipen, Rodelbahnen und Skiliften viele Möglichkeiten, den Schnee in diesen Höhen zu genießen.

The Hohe Acht is the highest mountain in the Eifel. From the Kaiser-Wilhelm-Tower (1908/09) on the 747 metre-high basalt summit of the volcano there is a glorious view far out over the Rhine valley as far as Cologne, also of the Siebengebirge, across the northern Eifel to the Ardennes and of the Westerwald. The junipers among the heather are characteristic of the countryside round the Hohe Acht. Old people in the Eifel still tell spooky stories involving junipers, the tree of fairy tale and legend. In winter, the cross-country ski tracks, sledge runs and ski lifts of the Hohe Acht provide ample opportunities to enjoy the snow.

De Hohe Acht is de hoogste berg van de Eifel. Vanaf de uitkijktoren op de 747 m hoge basalttop geniet men van een heerlijk uitzicht over het Rijndal tot naar Keulen toe, naar het Siebengebirge, over de noordelijke Eifel tot aan de Ardennen en naar het Westerwald. Karakteristiek voor het landschap rondom de Hohe Acht zijn de jeneverbesbestanden en het heidekruid. Over de jeneverbes, de "Machandelboom" uit de sprookjes, vertellen de oude Eifelmensen nog altijd spookverhalen's Winters biedt de Hohe Acht met loipen, rodelbanen en skiliften veel mogelijkheden om op deze hoogten van de sneeuw te genieten.

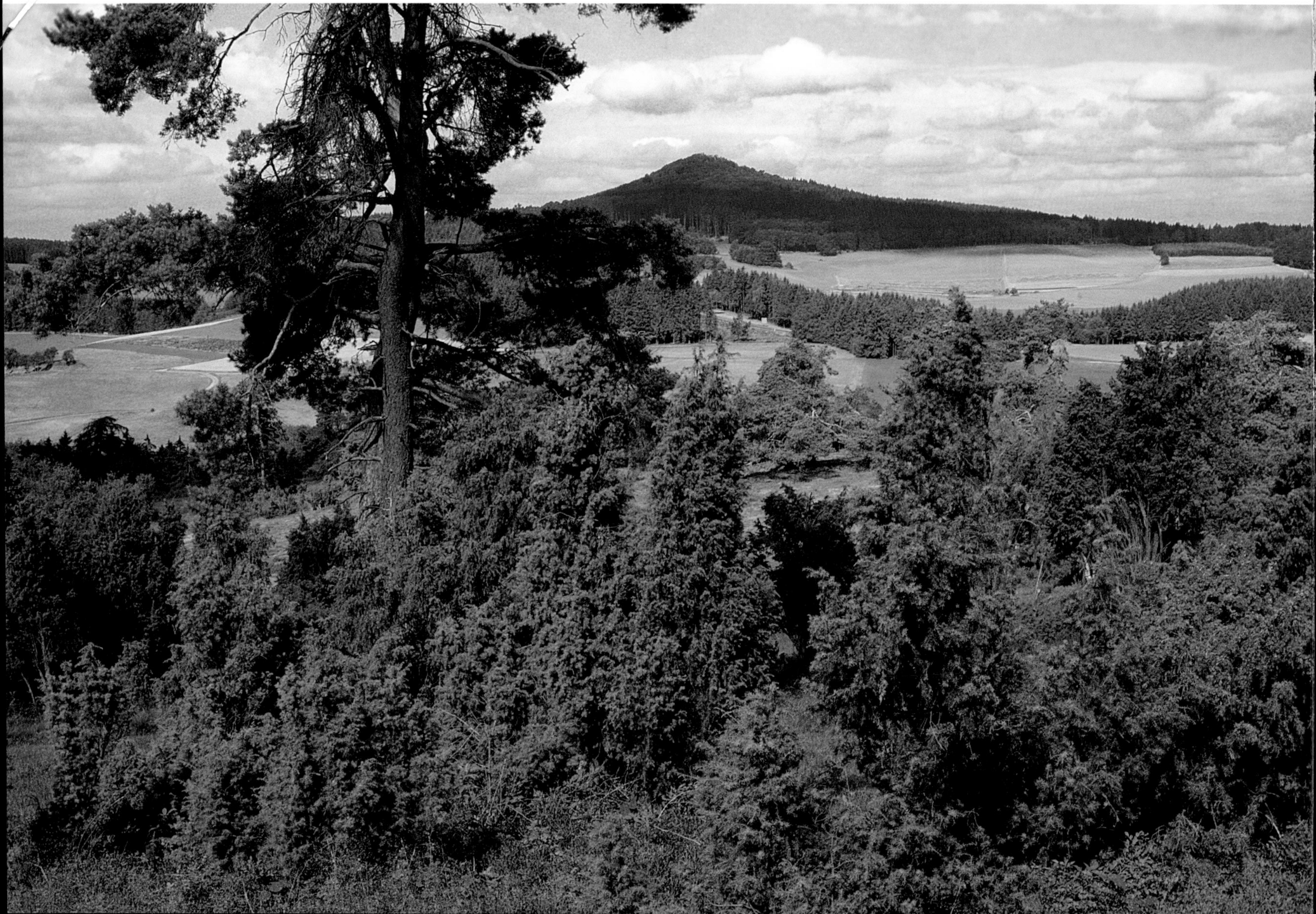

Wasserfall von Dreimühlen bei Nohn

The ever-expanding Dreimühlen waterfall near Nohn · Groeiende waterval van Dreimühlen bij Nohn

NIEDEREHE bis DREIS, romanische Klosterkirche St. Leodegar – Burg Oberehe, Burg Dreis

Niederehe, chapel of St. Leodegar – Oberehe castle, Dreis castle · Niederehe, kloosterkerk St. Leodegar – Burcht Oberehe, Burcht Dreis

Das Kloster Niederehe des gleichnamigen Ortes, heute ein Ortsteil der Gemeinde Üxheim, wurde von den Herren von Kerpen 1175 als Augustinerinnenkloster für adelige Jungfrauen gegründet. Die ehemalige spätromanische Klosterkirche St. Leodegar dient heute als Pfarrkirche. Mehrere Wanderwege führen hier vorbei, so auch der Eifelkrimi-Wanderweg. — Die beiden Türme der Burg Oberehe besitzen eine eigenwillige Architektur, die Burg wurde 1696-1698 als befestigter Gutshof erbaut. — Mitten im Ort Dreis steht eine märchenhafte Burg, doch bekannter ist der Ort durch seine sprudelnden Mineralquellen.

The Augustinian convent of Niederehe stands in Niederehe village, today a district of the borough of Üxheim. The convent was founded for unmarried aristocratic women by the Lords of Kerpen in 1175. The former Late Romanesque convent chapel of St Leodegar now serves as a parish church. Several hiking paths pass this spot, including the Eifel Crime Thriller Trail. — The architectural style of Burg Oberehe's double towers is uncommon; the building dates from 1696-98 and was originally a fortified manor. — In the centre of Dreis stands a fairy-tale castle, though the village is best known for its bubbling mineral springs.

Het klooster Niederehe in de gelijknamige plaats, vandaag de dag een wijk van de gemeente Üxheim, werd door de heren van Kerpen in 1175 als Augustinessenklooster voor adellijke jonge vrouwen gesticht. De voormalige laat-romaanse kloosterkerk St. Leodegar dient nu als parochiekerk. Verschillende wandelroutes lopen hierlangs, bv. ook de Eifelkrimi-wandelroute. — De twee torens van de burcht Oberehe bezitten een eigenzinnige architectuur, de burcht werd in 1696-1698 als versterkt landgoed gebouwd. — Midden in de plaats Dreis staat een feeërieke burcht, maar de plaats is bekender vanwege haar borrelende minerale bronnen.

HILLESHEIM, mit der mittelalterlichen Stadtmauer und der Pfarrkirche St. Martin

Hillesheim, the parish church of St Martin and the medieval town walls · Hillesheim, de parochiekerk St. Martin en de middeleeuwse stadsmuur

HILLESHEIM, Das Kriminalhaus mit Café Sherlock und „Knasturlaub" im Hotel „Zum Amtsrichter" mit Planwagenfahrt

Hillesheim, the 'Criminal House' with the Café Sherlock, a jail holiday in Hotel zum Amtsrichter, and covered waggon trip · Hillsheim, het Kriminalhaus met Café Sherlock en bajesvakantie in hotel „Zum Amtsrichter" met huifkartocht

Hillesheim ist eine der wenigen europäischen Beispielstädte. Die kreisrunde Form, die historische Stadtbefestigung und die sehenswerte Kirche mit ihrer einzigartigen Orgel sind schon einen Ausflug wert. Ein schönes Naherholungsgebiet bietet auch das „Bolsdorfer Tälchen". Von hier kreuzen sich verschiedene Wanderwege. Eine Station des Eifelkrimi-Wanderweges ist das Kriminalhaus in der historischen Alten Gerberei. 26.000 Bände umfasst das Deutsche Krimi-Archiv. Nach der Schließung des „Königlich Preußischen Amtsgerichts zu Trier in Hillesheim" (1860-1967) bietet das Hotel „Zum Amtsrichter" Freiwilligen Zellenaufenthalt zur Erholung an.

Hillesheim is one of the few European Model Towns. It is well worth a visit just for its circular town plan, historic town defences and attractive church with a unique organ. "Bolsdorfer Tälchen" is a pleasant local recreational area that marks the crossroads of various hiking routes. One of the stops along the so-called Eifel Criminal Thriller Trail is the Criminal House in the historic tannery. The German Detective Story Archive contains 26,000 volumes. After the closing of the Royal Prussian District Court of Trier in Hillesheim, visitors can voluntarily stay in one of its cells in what is now the "Hotel zum Amtsrichter".

Hillesheim is één van de weinige Europese voorbeeldsteden. De cirkelvormige vorm, de historische stadsversterking en de bezienswaardige kerk met haar unieke orgel zijn al een uitstapje waard. Een mooi recreatiegebied is ook het „Bolsdorfer Tälchen" (valleitje van Bolsdorf). Van hieruit kruisen verschillende wandelroutes elkaar. Het Kriminalhaus in de historische Alte Gerberei (Oude Looierij) is een station van de Eifelkrimi-wandelroute. Het Deutsche Krimi-Archiv omvat 26.000 banden. Na de sluiting van het „Königlich Preußische Amtsgericht zu Trier in Hillesheim" (1860-1967) biedt het hotel „Zum Amtsrichter" vrijwillig verblijf in de cel aan.

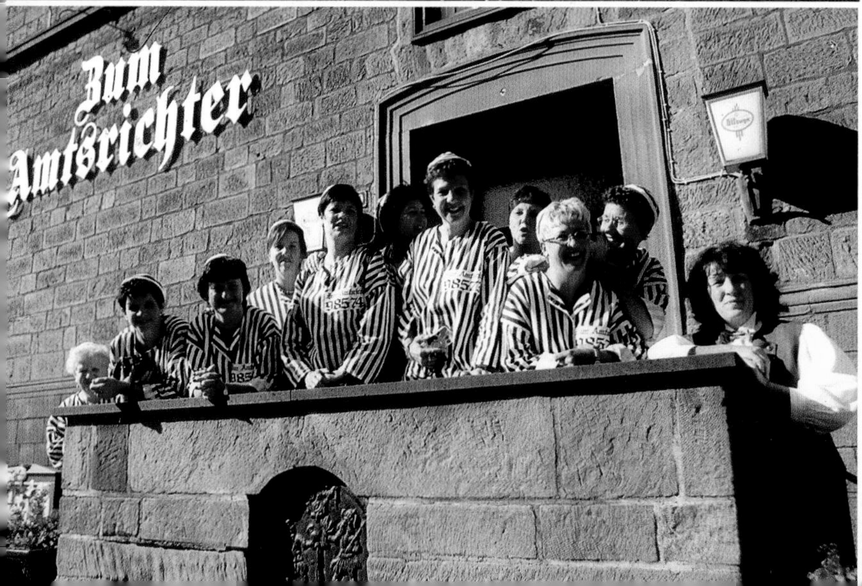

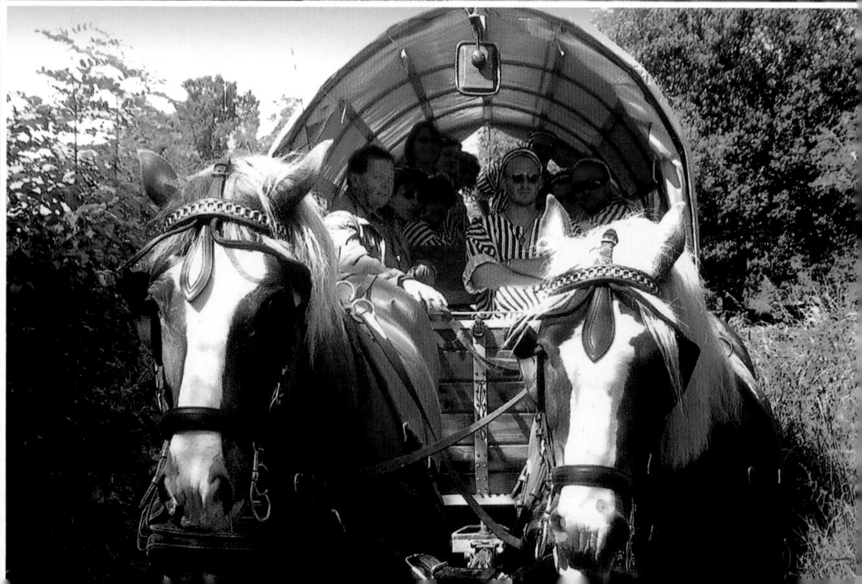

Eine wechselvolle Geschichte mit Erbstreitereien und Zerstörungen, Wiederaufbau und Besitzerwechsel, hat die auf einem Dolomitfelsensporn erbaute Burg Kerpen erlebt. Erstmals wurde die Burg im 12. Jahrhundert erbaut, die heutige Anlage ließ Johann Heinrich Dün 1893 aus einem Schutthaufen wieder neu entstehen. Später lebte der Eifelmaler Fritz von Wille und der Schriftsteller Alfred Andersch auf der Burg. Der Ort Kerpen verfügt über einen zauberhaften historischen Ortskern und hat bereits zahlreiche Auszeichnungen im Rahmen der Veranstaltung „Unser Dorf soll schöner werden" gewonnen.

The castle of Kerpen, situated on a prominent dolomite rock, can look back on a chequered history marked by inheritance disputes, destruction, refurbishment and changes of ownership. The original castle, founded in the twelfth century, no longer exists, and the building we see today, dating from 1893, was built on a pile of ruins by Johann Heinrich Dün. In later years, both the Eifel painter Fritz von Wille and the writer Alfred Andersch lived in the castle. The village of Kerpen has a charming historical centre that has earned it many official awards as one of the prettiest villages in Germany.

De op een uitloper van een dolomiet rots gebouwde burcht Kerpen heeft een gevarieerde historie met ruzies om erfenissen en vernielingen, wederopbouw en verandering van eigenaar doorgemaakt. De burcht werd voor de eerste maal gebouwd in de 12e eeuw; het huidige gebouw liet Johann Heinrich Dün in 1893 herrijzen vanuit een hoop puin. Later werd de burcht bewoond door de Eifelschilder Fritz von Wille en de auteur Alfred Andersch. De plaats Kerpen beschikt over een betoverend historisch centrum en heeft al talrijke onderscheidingen in het kader van de wedstrijd „Unser Dorf soll schöner werden" (Ons dorp moet mooier worden) gewonnen.

WIESBAUM-MIRBACH, Erlöserkirche Mirbach

Wiesbaum-Mirbach, the Church of the Redeemer in Mirbach · Wiesbaum-Mirbach, kerk van Christus de Verlosser Mirbach

Im Ortsteil Mirbach der Gemeinde Wiesbaum stiftete die Eifler Familie Mirbach, obwohl selbst evangelisch, eine katholische Mini-Kathedrale, auch Eifeldom genannt. 1902 entstand der bemerkenswerte Bau während der neuromanischen Bauepoche im Stil des wilhelminisch-neostaufischen Historismus. Für die Einheimischen muss die prunkvolle Innenausstattung mit üppigen Mosaiken, ausgeführt durch hochrangige Künstler, fremdartig gewirkt haben. Auf der Suche nach den Wurzeln der Familie, die hier jedoch ohne Bindung war, ließ der Freiherr von Mirbach eine Pseudo-Burgruine neben der Erlöserkirche errichten. Sie war Vorbild für die Erlöserkirche in Gerolstein.

The family of Mirbach, although themselves Protestants, presented the district of Mirbach, in the parish of Wiesbaum, with a vast Roman Catholic church known as the Eifel Cathedral. Dating from the imperial era of 1902, this remarkable building was erected during a revival of the architecture of the Hohenstaufen dynasty (12th-13th century) and provided a model for a church of the same name in Gerolstein. The opulent interior, lavishly decorated with mosaics by leading artists, must have looked strange to local people. Baron Mirbach went in search of his family roots, but finding no ties to the area, constructed a pseudo-ruined castle next to the church.

In de wijk Mirbach in de gemeente Wiesbaum stichtte de Eifelse familie Mirbach, ook al was zij zelf evangelisch, een katholieke minikathedraal, de Eifeldom genaamd. Het opmerkelijke gebouw ontstond in 1902 tijdens het neoromaanse bouwtijdperk in de stijl van het aan Keizer Wilhelm II ontleende neostaufische historisme. Op de lokale bewoners moet het interieur vol praal en praal met weelderige mozaïeken, uitgevoerd door hoogstaande kunstenaars, een vreemdsoortig effect hebben gehad. Op zoek naar de wortels van de familie, die hier echter geen binding had, liet de Baron van Mirbach een pseudoburchtruïne naast de kerk van Christus de Verlosser bouwen.

KRONENBURG, Pfarrkirche Johann Baptist (1508), Ruine Kronenburg

Kronenburg near at the Kyll Reservoir · Kronenburg bij de Kyll-stuwdam

Das Dorf Kronenburg krönt die steile Höhe über dem Kylltal. Es ist ein typisches Burgdorf geblieben, das alte Schönheiten der Romantik treu bewahrt hat. Die Bewohner blicken voller Stolz auf sein gepflegtes und gut erhaltenes Gesicht und restaurieren die zum Teil wertvoll ausgestatteten Bürgerhäuser stilgerecht. Hier sind Maler zu Hause, hier wird getöpfert und gewebt, da schreitet man noch durch Tore hinein. Die ritterliche Kirche, mit Wehrturm und Mittelsäule als Träger des gesamten Gewölbes, wurde bei ihrem Bau um 1508 in die Ringmauer einbezogen.

The village of Kronenburg tops the steep slopes above the Kyll valley. It has remained a typical castle village and has preserved its old romantic beauty. The population is proud of its fine appearance and lovingly tends the valuable old buildings with their fine gateways. This is the home of painters, potters and weavers. The gallant church, built around 1508 with one central pillar, was incorporated into the ring wall.

Het dorp Kronenburg bekroont de steile hoogvlakte boven het Kylldal. Het is een typisch burchtdorp gebleven, dat oude schoonheden uit de Romantiek trouw heeft bewaard. De bewoners kijken vol trots op zijn oude, fraaie gezicht en onderhouden de ten dele waardevol uitgevoerde burgerhuizen stijlvol. Hier zijn de schilders thuis, hier wordt klei gebakken en geweven, hier komt men nog binnen door poorten. De ridderlijke kerk met de middenzuil werd bij de bouw rond 1508 in de ringmuur geïntegreerd.

STADTKYLL, der Luftkurort an der Oberen Kyll

Stadtkyll, a climatic spa on the upper River Kyll · Stadtkyll het luchtkuuroord aan de bovenloop van de Kyll

Auf 450 Meter Höhe am Rande der Vulkaneifel liegt in reizvoller Landschaft an der Kyll der Luftkurort Stadtkyll. Erholung und Entspannung in einer reizvollen Landschaft ziehen jedes Jahr viele Gäste an die Obere Kyll. Um das herrliche Wandergebiet der Region so richtig zu genießen, werden Arrangements von verschiedenen Wandertouren und Schwierigkeitsgraden angeboten. Man kann auch eine mehrtägige Tour wählen ohne sein Gepäck dabei schleppen zu müssen. Dabei sieht man Kronenburg, die Prümquelle, den Vulkangarten Steffeln und einige Eifelvulkane.

The climatic resort town of Stadtkyll is situated at a height of 450 metres in pretty countryside round the River Kyll, at the edge of the Volcanic Eifel. Every year, the attractive scenery of the upper Kyll attracts numerous visitors in search of recreation and relaxation. For those who wish to explore this superb walking area more thoroughly, various hiking tours are on offer, graded from easy to difficult. Hiking holidays with organized luggage transport are also available. Highlights of the tour include Kronenburg, the source of River Prüm, the Steffeln volcanic garden and a few Eifel volcanos.

Op een hoogte van 450 meter ligt aan de rand van de Vulkaaneifel het luchtkuuroord Kyll in een fraai landschap aan de Kyll. Door herstel en ontspanning in een fraai landschap worden elk jaar veel gasten naar de bovenloop van de Kyll getrokken. Om volop te kunnen genieten van het heerlijke wandelgebied van deze regio worden arrangementen van verschillende wandeltochten en moeilijkheidsgraden aangeboden. Er kan ook worden gekozen voor een meerdaagse trip zonder daarbij met de bagage te hoeven slepen. Hierbij krijgt men Kronenburg, de bron van de Prüm, de vulkaantuin Steffeln en enkele Eifelvulkanen te zien.

Vor Gerolstein ragt die Kasselburg mit einem äußerst seltenen Doppelturm aus dem Tal der Kyll. Hier entstand der sehenswerte Adler- und Wolfspark der einzigartigen Deutschen Wildstraße. Die alten Gemäuer des Burghofes aus dem 12. Jahrhundert werden von Wildvögeln bewohnt. Besonders beeindruckend sind die Freiluftvorführungen mit den Wildvögeln. In Wäldern nahe der Burg bietet die Wolfsschlucht dem größten Wolfsrudel Westeuropas einen geeigneten Lebensraum. Auf einem erhöhten und eingezäunten Erlebnisweg kann man die Wolfswelt im Park hautnah beobachten.

The architecturally important Kasselburg with its unusual twin towers rises up above the Kyll valley near Gerolstein. It lies on the Deutsche Wildstrasse (Game Route) and is the site of a unique falconry and eagle park. The walls around the castle date from the 12th century and are populated by wild birds. The free-flight demonstrations of birds of prey are particularly impressive. In the nearby woods, Wolf Ravine provides a suitable habitat for Western Europe's largest pack of wolves. A special raised theme path has been fenced in so that visitors can observe the wolf enclosure in the park at close quarters.

Voor Gerolstein rijst de Kasselburcht met een uitermate zeldzame dubbele toren hoog op uit het dal van de Kyll. Hier ontstond het adelaars- en wolvenpark van de unieke Duitse Wildroute. De aan het burchtplein gelegen oude ruïne uit de 12de eeuw wordt bewoond door wilde vogels. De openluchtvoorstellingen met de wilde vogels zijn bijzonder indrukwekkend. In de bossen niet ver van de burcht biedt de Wolfsravijn aan de grootste wolvenroedel van Europa een geschikte biotoop. Op een verhoogde, omheinde en avontuurlijke route kan de wereld van de wolven in het park aan den lijve worden geobserveerd.

GEROLSTEIN, die Erlöserkirche in Sarresdorf auf dem "Hofacker" und die Buchenlochhöhle im Gerolsteiner Land

Gerolstein, Church of the Redeemer and Buchenloch cave · Gerolstein, de kerk van Christus de Verlosser en de grot Buchenloch

Sprudelnde Heilquellen und Mineralwasser, Eishöhlen, urige Felsformationen und Versteinerungen: Das ist Gerolstein in der Vulkaneifel. Schon die Kelten und Römer füllten das Mineralwasser der Gerolsteiner Quelle ab. Später entstand aus dieser Quelle die bekannte Mineralwasserindustrie. Schon in der Steinzeit gab es im Buchenloch eine 36 m lange Karsthöhle, welche besiedelt war. 1115 wurde die Löwenburg erbaut und begründete die weitere Entwicklung Gerolsteins. Die Erlöserkirche (1907–1913) wurde mit aufwändigen Mosaiken ausgestaltet.

Gerolstein, in the volcanic Eifel, offers visitors the experience of bubbling mineral springs, famous mineral water, ice caves, bizarre rock formations and fossils. Even the Celts and Romans tapped the waters of Gerolstein's springs, and more recently, the waters have been bottled for the industrial production of the famous Gerolstein mineral water. The Buchenloch was inhabited as far back as the Stone Age. The founding of the Löwenburg in 1115 was to prove a crucial factor in the town's further development. The Erlöserkirche (1907–13) was decorated with many intricate mosaics.

Sources minérales jaillissantes, eaux gazeuses, cavernes glaciaires, formations rocheuses étranges, tout cela est Gerolstein dans l'Eifel volcanique. Reeds de Kelten en Romeinen tapten het mineraalwater uit de bron in Gerolstein. Later ontstond uit deze bron de bekende mineraalwaterindustrie. Al in het stenen tijdperk was er in het Buchenloch een 36 m lange karstgrot die bewoond was. 1115 werd de Löwenburg gebouwd en grondt de verdere ontwikkeling van Gerolstein. De Verlosserkerk (1907–1913) werd met kostbare mozaïeken versierd.

90 Jahre war Birresborn bekannt wegen seines Mineralwassers, doch leider musste das Traditionsunternehmen, der wirtschaftlicher Antrieb des Ortes, im Jahre 2003 geschlossen werden, da es zu einer Verunreinigung der Quelle gekommen war – ein herber Schlag für die Adonisquelle. Jedoch ist die Lindenquelle, die vier Kilometer vom Ort entfernt liegt, nicht davon betroffen. Hier kann weiter das Mineralwasser aus dem hübschen Quellpavillon getrunken werden. Bizarre Felsenformationen, Eishöhlen und botanische Kostbarkeiten hinterließen die Vulkane um Birresborn und erschufen so eine eindrucksvolle Landschaft.

For ninety years, Birresborn was famed for its mineral water. Unfortunately the long-standing business and driving force of the local economy had to be closed in 2003 because the spring was polluted - a bitter blow for all connected with the Adonis springs. Luckily the Linden spring, another source of mineral water only four kilometres distant, was not affected, and you can still drink the water that bubbles out from below the pretty 19th century pavilion. As a result of volcanic activity round Birresborn, it is surrounded by an impressive landscape of bizarre rock formations, caves and botanic rarities.

90 jaar lang stond Birresborn bekend om zijn mineraalwater, maar helaas moest het traditiebedrijf en de economische aandrijver van de plaats in 2003 worden gesloten, omdat de bron verontreinigd was – een bittere klap voor de Adonis-bron. De Linden-bron, die vier kilometer buiten de plaats ligt, is daar echter niet door getroffen. Hier kan het mineraalwater nog steeds vanuit het mooie bronpaviljoen worden gedronken. De vulkanen rond Birresborn lieten bizarre rotsformaties, ijsgrotten en botanische kostbaarheden achter en schiepen op deze wijze een imposant landschap.

ABTEI PRÜM (721) mit der St. Salvator Basilika während der Mozartwochen (abseits der Kyll)

Prüm Abbeyan (721) and the St Salvator church · **Sint alvator Basiliek Prum tijdens de Mozartweken**

Die ehemalige Benediktinerabtei und die mächtige Salvator-Basilika sind Mittel- und Glanzpunkte der Eifelstadt Prüm. In einem Wirtschaftsraum, der bis an die belgische und luxemburgische Grenze reicht, ist der Klimakurort Prüm ein bedeutender Markt- und Zentralort. Das Kloster ist eng verbunden mit dem Hause der Karolinger und hatte in früheren Jahren eine große Ausstrahlung; sie war eine der reichsten Abteien in ganz Deutschland. Karl der Große wurde möglicherweise hier geboren. Pippin und seine Frau Bertrada schenkten der Abtei eine Reliquie wofür ihr Sohn eine kostbar ausgestattete Kirche bauen ließ, auch „Goldene Kirche" genannt.

The former Benedictine abbey and impressive basilica are the focal point and chief landmark of the Eifel town of Prüm. The spa town is an important centre and market for an area that stretches as far as the Belgian and Luxembourg borders. The abbey was closely connected with the Carolinian dynasty, and Emperor Charlemagne night have been born here. In its heyday it was highly influential and one of the most wealthy religious foundations in Germany. King Pippin and his wife Bertrada presented an imposing precious relict to the abbey and his son built an magnificently church for it, it also named Golden Church.

De voormalige Benedictijnse abdij en de indrukwekkende Salvator-basiliek zijn midden- en kernpunten van de Eifelstad Prüm. In een economische streek, die zich uitstrekt tot aan de Belgische en Luxemburgse grens, is het klimaatkuuroord Prüm een belangrijke markt en centrale plaats. Het klooster, nauw verbonden met het huis van de Karolingers – Karel de Grote werd waarschijnlijk hier geboren -, had in ververvlogen tijden een grote uitstraling en was een van de rijkste abdijen in heel Duitsland. Pepijn en zijn vrouw Bertrada schonk de abdij een relikwie, die zijn zoon had gebouwd een kostbaar versierde kerk, ook wel de „Golden Kerk" werd genoemd.

Schönecken, einst eine Burg mit enormen Ausmaßen, gleich einer Festung. Sie wurde vermutlich Ende des 12. Jahrhunderts im Nimstal auf einer der niedrigeren Erhebungen, durch die Grafen von Vianden, erbaut und „Clara Costa", oder auch „Bella Costa" genannt. Die höheren Berge um die Burg herum bilden einen schützenden Talkessel. Die heutige Ruine zeigt immer noch die Mächtigkeit dieser Anlage, welche sich über 120 Meter zieht und einen Burghof von ca. 7.000 qm^2 besitzt. Hat man den Burgberg bestiegen, wird man mit einer herrlichen Aussicht belohnt.

Schönecken was once a castle of huge dimensions, similar to those of a fortress. Set on one of the lower rises of Nimstal, it was probably built at the end of the twelfth century by the Counts of Vianden, and was named Clara Costa or Bella Costa. The castle is surrounded by higher ground, and thus sheltered by a protective valley. The present-day ruins give a good indication of the vast proportions of the original precinct, which was over 120 metres long and encompassed an area of about 7000 square metres. Those who climb the castle hill are rewarded by a splendid view.

Schönecken was ooit een burcht van enorme afmetingen, gelijk aan een vesting. Zij is vermoedelijk op het eind van de 12e eeuw door de graven van Vianden op één van de lagere verheffingen in het Nimsdal gebouwd, en werd „Clara Costa", maar ook „Bella Costa" genoemd. De hogere bergen rondom de burcht vormen een beschermende dalketel. De huidige ruïne laat nog steeds zien hoe machtig dit complex was, dat zich over 120 meter uitstrekt en een burchtplein van ca. 7.000 m2 bezit. Als men de burchtberg heeft beklommen, krijgt men een heerlijk uitzicht als beloning.

MÜRLENBACH an der Kyll mit der mächtigen Bertradaburg

Mürlenbach on the Kyll showing the sturdy Bertradaburg · Mürlenbach aan de Kyll met de kolossale Bertradaburcht

Benannt nach der Großmutter Karl des Großen, welche schon das Kloster von Prüm gründete, wurde die stattliche Höhenburg Bertrada auf den Resten eines römischen Kastells errichtet. Erst im 13. Jh. ist die Burg als Landesfestung urkundlich nachgewiesen; doch heißt es, dass eventuell die Mutter Karl des Großen zum Zeitpunkt seiner Geburt hier wohnhaft war, denn es hat wohl vorher schon Burganlagen an dieser Stelle gegeben. Im Mittelalter gehörte die Burg zur Abtei Prüm und die strategische Lage an de Straße Trier-Köln war von Bedeutung, doch ab dem 16. Jh. fiel die Burg an Trier und man ließ sie verfallen, heute bietet sie Ferienwohnungen.

This stately hilltop castle was built on the remains of a Roman fort. It was named after Charlemagne's grandmother Bertrada, the founder of the Abbey of Prüm. The castle was not in fact documented as a royal fortress until the thirteenth century, and though legend relates that Charlemagne's mother lived here at the time of his birth, there were certainly castles on this site before that. In the Middle Ages, the castle belonged to the Abbey of Prüm. It stood in a strategically important location on the route between Trier and Cologne, but in the 16th century it passed to Trier and crumbled into ruin, today you can rent it for Holydays.

Genoemd naar de grootmoeder van Karel de Grote, die ook het klooster van Prüm had gesticht, werd de statige bergburcht op de resten van een Romeinse vesting gebouwd. Pas in de 13e eeuw wordt de burcht in een oorkonde vermeld als regionale vesting; maar men zegt dat de moeder van Karel de Grote bij zijn geboorte hier al woonde. In de Middeleeuwen hoorde de burcht toe aan de abdij van Prüm en was de strategische positie aan de straat van Trier naar Keulen van belang, maar vanaf de 16e eeuw viel de burcht toe aan Trier en liet men haar in verval raken, vandaag kunt u huren voor holydays.

ST. THOMAS / Kyll, Blick zum Exerzitienhaus des Bistums Trier

St. Thomas, Retreat of the Diocese of Trier · St. Thomas, exercitiehuis van het bisdom Trier

Die Reliquie des heilig gesprochenen englischen Märtyrer-Bischofs Thomas Becket, wofür im Kylltal im 12. Jahrhundert eine Kapelle errichtet wurde, ließ schnell die Wallfahrt einsetzen. An diesem ruhigen und abgeschiedenen Ort war der Bau einer Klosteranlage die richtige Wahl. Das einfache Leben der Zisterzienser ließ die Stiftung des Ritters Ludwig von Deudesfeld zu einer Institution werden. Vor allem adelige Töchter aus wohlhabenden Familien wollten den Weg zum spartanischen Leben des armen Christus kennen lernen. Auch heute noch ist das Kloster ein Ort der spirituellen Meditation.

In the 12th century, an oratory was erected in Kylltal to house a relic of St Thomas of Canterbury, the English bishop and martyr. The shrine rapidly became a popular place of pilgrimage. This peaceful, remote spot was an appropriate site for a religious house, and in the same century a convent was founded here by the knight Ludwig von Deudesfeld. It was inhabited by Cistercian nuns, who favoured a simple lifestyle. Above all, it was daughters of wealthy aristocrats who settled here, adopting an austere regime in imitation of the life of Christ. Today this is still a place of spiritual meditation.

De relikwie van de heilig verklaarde Engelse martelaar-bisschop Thomas Becket, voor wie in de 12e eeuw in het dal van de Kyll een kapel werd gebouwd, gaf al snel aanleiding tot bedevaart. Op deze rustige en afgelegen plaats was het bouwen van een kloostercomplex de juiste keuze. Het eenvoudige leven van de Cisterciënzers maakte een instituut van de stichting van ridder Ludwig von Deudesfeld. Vooral adellijke dochters uit welgestelde families wilden de weg naar het spartaanse leven van de arme Christus leren kennen. Ook vandaag is het klooster nog steeds een plaats van spirituele meditatie.

BURG MALBERG an der Kyll

Malberg Castle, on the Kyll · Burcht Malberg aan de Kyll

An der großen Kyllschleife auf einer erhöhten Landzunge liegt ein wahres Barockjuwel, Schloss Malberg. Die Edelherren von Malberg erbauten im Mittelalter die erste Burganlage, welche jedoch durch Kaiser Friedrich II. abgebrochen und verboten wurde. Doch das Verbot wurde missachtet und die Anlage wieder aufgebaut. Im 18. Jahrhundert wurde das Renaissancegebäude des „Alten Hauses" umgebaut und die neueren Bauten, wie Schlosskapelle, Brauerei und die Gärten, angelegt. Nach und nach erwacht das Schloss heute wieder aus seinem Dornröschenschlaf und wird erneut belebt.

Malberg castle, situated on a promontory above a wide loop of the River Kyll, is a veritable Baroque jewel. The first castle on this site, built by the Barons of Malberg in the Middle Ages, was destroyed by Emperor Frederick II and thenceforth prohibited. His edict was ignored, however, and a new residence was erected. In the 18th century, the Alte Haus, a Renaissance mansion, was rebuilt and a number of extensions were added, including a chapel, a brewery and gardens. Now Malberg is undergoing renovation and coming to life again as a venue for concerts and other events.

Op een verhoogde landtong bij de grote bocht in de Kyll ligt een waarlijk barokjuweel, kasteel Malberg. De edelen van Malberg bouwden in de Middeleeuwen het eerste burchtcomplex, dat echter door keizer Frederik II werd afgebroken en verboden. Het verbod werd echter genegeerd en het complex werd herbouwd. In de 18e eeuw werd het Renaissancegebouw van het „Altes Haus" (Oude Huis) verbouwd en werden de nieuwere gebouwen zoals de slotkapel, de brouwerij en de tuinen aangelegd. Geleidelijk wordt het kasteel nu weer wakker uit zijn doornroosjesslaap en komt het weer tot leven.

Die klimatisch begünstigte Lage war auch eine strategisch gute Position, um die Kyllburg 1239 als Eckpfeiler zwischen den Herrschaftsgebieten Kurtriers und dem Geschlecht der Malberger zu errichten. Doch schon im 8. Jahrhundert war hier eine Burg bekannt. Als Bollwerk wurde die Burg ausgebaut, als Ritter Rudolf von Malberg sich der umliegenden Güter bemächtigte. Auch das Kloster St. Thomas war von der Gewaltherrschaft betroffen. Wehrhaft in seine Schranken gewiesen, musste der Ritter sich zurückziehen. Doch die Burg war nun mächtig genug, um späteren Angriffen erfolgreich entgegenzutreten.

Along with its favourable climatic conditions, this spot offered a strategically desirable location for a stronghold. The first castle was erected here in the 8th century, but the ruins we see today date from 1239, when a new border fortress was built to protect the lands of the Archbishop of Trier from the hostile Malberg dynasty. When Baron Malberg seized some of the surrounding properties, its fortifications were extended. The convent of St Thomas was also affected by the struggles. Baron Malberg was forced into a defensive position and withdrew, while the reinforced castle survived many later attacks.

De klimatologisch begunstigde positie was ook een strategisch goede positie om de Kyllburg in 1239 als hoeksteen tussen de machtsgebieden van het keurvorstendom Trier en het geslacht van de Malbergers te bouwen. Maar hier was in de 8e eeuw al een burcht bekend. De burcht werd uitgebreid tot bolwerk, toen ridder Rudolf von Malberg zich meester maakte van de omliggende landerijen. Ook het klooster St. Thomas had te lijden onder de gewelddadige heerschappij. Weerbaar op zijn nummer gezet, moest de ridder zich terugtrekken. Maar nu was de burcht machtig genoeg om latere aanvallen met succes het hoofd te bieden.

Der 647 Meter hohe buchenbewaldete Nerother Kopf ist Teil eines Doppelvulkans; seine andere Hälfte dient der Lavagewinnung und wird abgebaut. In der Mühlsteinhöhle am Nerother Kopf wurde in der Silvesternacht 1919/20 der historische Jugendbund Nerother Wandervogel gegründet. Die Mühlsteinhöhle diente lange dem Mühlsteingewerbe, was man vor und in der Höhle noch heute an Mühlsteinresten erkennen kann. Die Burgruine Freudenkoppe (1340) hatte seinerzeit eine wichtige strategische Position. In der eindrucksvollen Anlage ist die Baukunst jener Zeit noch gut zu erkennen.

The 647-metre-high Nerother Kopf, now covered with beech trees, is part of a double volcano. The other half is used as a lava quarry and is slowly being removed. On top of Nerother Kopf can be found the Mühlstein cave: The famous youth group known as the Nerother Wandervogel was founded here on New Year's Eve, 1919/1920. The cave was used for millstone production for many years, and remains of millstones are still scattered inside and outside the cave. Freudenkoppe castle (1340) once commanded a strategic position, and parts of its impressive construction are still visible today.

De 647 meter hoge, met beuken beboste Nerother Kopf maakt deel uit van een dubbele vulkaan; de andere helft dient voor het delven van lava en wordt volledig ontgonnen. In de Mühlstein-grot bij de Nerother Kopf werd in de oudejaarsnacht van 1919/20 de historische jeugdbond de Nerother Wandervogel opgericht. De Mühlstein-grot diende lange tijd voor de molensteenindustrie, wat vóór en in de grot nu nog herkenbaar is aan resten van molenstenen. De burchtruïne Freudenkoppe (1340) had destijds een belangrijke strategische positie. In het imposante complex is de bouwkunst van die tijd nog goed te herkennen.

Die Stadt Daun, Kneipp- und Mineralheilbad, wurde durch ihre Mineralquellen zu einem der bedeutendsten Kurorte im Herzen der vulkanischen Eifel. Diese Quellen sind immer noch Zeugen der vulkanischen Tätigkeit, denn das eindringende Niederschlagswasser vermischt sich mit der aggressiven vulkanischen Kohlensäure und löst durch diesen Vorgang die Mineralien aus dem Gestein. Bei den interessanten Wanderungen trifft man überall auf vulkanische Merkmale, um die sich auch so manche Sage rankt.

The mineral spings of Daun have made it one of the most important Kneipp and mineral-spring spa towns in the heart of the volcanic Eifel. The town grew up around the dynastic seat of the Counts of Daun. These springs testify to prehistoric volcanic activity, in a process which involved rainwater soaking into the soil and mixing with aggressive volcanic carbon dioxide to release minerals from the rock. Walkers in this area will find interesting features typical of volcanic scenery and perhaps encounter some of the local legends surrounding their origins.

De stad Daun, Kneipp- en geneeskrachtig mineraalbad, werd door zijn mineraalbronnen één van de belangrijkste kuuroorden in het hartje van de Vulkaaneifel. De stad ontwikkelde zich rond de stamburcht van de graven van Daun. Deze bronnen zijn nog steeds getuigen van de vulkanische activiteit. Want het binnendringende water van de neerslag vermengt zich met het agressieve vulkanische koolzuur en lost door dit procédé de mineralen uit het gesteente op. Bij de interessante wandelingen stuit je overal op vulkanische kenmerken waarover vele sagen bestaan.

Ein einzigartiges vulkanisches Landschaftsbild formen die drei Maare bei Daun: das Gemündener Maar, das Weinfelder- oder Totenmaar und das Schalkenmehrener Maar. Die klaren Seen in den alten Vulkankratern sind in der Tat, wie es ein von der Eifel begeisterter Dichter einmal ausdrückte, „die Augen der Landschaft". Vor über 20.000 Jahren kam es in der Eifel oft vor, dass durch das Zusammentreffen von kaltem Wasser mit Magma phreatomagmatische Explosionen stattfanden und die trichterförmige runde Hohlform der Maare entstand.

The three maars near Daun, the Gemündener Maar, the Weinfelder Maar or Totenmaar and the Schalkenmehrener Maar, are a unique volcanic phenomenon. These three lakes with their crystal clear water came into being in craters of volcanoes and are indeed, as a poet once called them, "the eyes of the landscape". Over 20,000 years ago, underground explosions shook the Eifel. They were caused by hot magma interacting with cold ground water and resulted in funnel-shaped holes that were filled with water to become the so-called "Maare".

Een uniek vulkanisch landschapsbeeld vormen de drie maren bij Daun: het Gemündener Maar, het Weinfelder- of Totenmaar en het Schalkenmehrener Maar. De heldere meren in de uitgedoofde vulkanen zijn inderdaad, zoals een door de Eifel gepassioneerde dichter het ooit eens uitdrukte, "de ogen van het landschap". Meer dan 10.000 jaar geleden kwam het in de Eifel vaak voor dat door het samenkomen van koud water met magma freatomagmatische explosies plaatsvonden en waardoor de trechtervormige ronde holle vorm van de vulkaanmeren ontstond.

Das Eifel-Vulkanmuseum Daun versteht sich als Teil des Vulkaneifel European Geoparks. Anschaulich werden die erstaunlichen Aktivitäten eines Vulkans beschrieben. Wie sah die Erde vor hunderten Millionen von Jahren aus oder wie wird sie in weiter Zukunft einmal aussehen? Wie entstehen durch Gesteinverschiebungen Naturkatastrophen? Mit mehreren vor zirka 20 – 45 Millionen Jahren einsetzenden vulkanischen Aktivitäten wurde die Eifel zu dem gemacht was sie heute ist: eine Mittelgebirgslandschaft mit dem ganz besondere Reiz des Ungewissen.

The Eifel Volcano Museum in Daun is part of the Volcanic Eifel European Geopark. Visitors are given explanations of the amazing workings of volcanoes and discover what the world looked like hundreds of millions of years ago and even what it may look like in the far distant future. How do movements of rock cause such huge upheavals of the landscape? The Eifel today is the result of bursts of volcanic activity that took place between 20 and 45 million years ago and resulted in a high plateau with that special charm born of a mysterious past.

Het Eifel Vulkaanmuseum Daun is onderdeel van het Vulkaneifel European Geopark. De verbazingwekkende activiteiten van een vulkaan worden aanschouwelijk getoond. Hoe zag de aarde er 380 miljoen jaar geleden uit of hoe zal hij er in de verre toekomst ooit eens uitzien? Hoe ontstaan door verschuivingen van gesteente natuurrampen? Door verschillende, vulkanische activiteiten die ca. 35 – 45 miljoen jaar geleden begonnen, werd de Eifel zoals hij nu is, een middelgebergtelandschap met de heel bijzondere attractie van het onzekere.

◁ Schlackenkegel △ glühende Magma ▽ Lavatropfen aus dem Vulkan „Wartgesberg"

Das Gemündener Maar dient heute als Badesee mit viel Platz zum Liegen und einem Bootsverleih. Das nördlichste der drei Dauner Maare liegt 1,5 km südlich von Daun. Das Maar hat eine Tiefe von 38 Metern und ist vor ungefähr 30.000 Jahren entstanden. Es ist das kleinste der drei Maare. – Der See des Weinfelder- oder Totenmaars entstand vor circa 10.500 Jahren durch eine vulkanische Dampfexplosion. Der Name Totenmaar ist auf den Friedhof mit Kapelle am Ufer des Maares zurückzuführen, jedoch ranken sich noch einige Sagen um die Entstehung des Namens.

The Gemündener Maar is now used as a bathing lake. Its broad lawns are ideal for basking in the sun and you can also hire boats here. It is the northernmost and also the smallest of the three volcanic lakes of Daun and is only 1.5 kilometres south of the town. It is 38 metres deep and about 30,000 years old. – The volcanic lake named the Weinfelder Maar or Totenmaar was created about 10,500 years ago by a volcanic explosion. The name Totenmaar (Lake of the Dead) derives from the cemetery with a chapel on its shore, though there are many other legends connected with the name.

Het Gemündener Maar dient nu als meer met zwemgelegenheid met veel plaats om te liggen en met bootverhuur. Het noordelijkste van de drie maren van Daun ligt 1,5 km ten zuiden van Daun. Het maar heeft een diepte van 38 meter en is ongeveer 30.000 jaar geleden ontstaan. Het is het kleinste van de drie maren. – Het meer van het Weinfelder- of Totenmaar ontstond circa 10.500 jaar geleden door een explosie van vulkanische stoom. De naam Totenmaar is toe te schrijven aan het kerkhof met kapel op de oever van het maar, maar er zijn ook nog andere sagen rond het ontstaan van de naam geweven.

Schalkenmehren liegt direkt an dem Doppelmaar, welches aus einem Maarsee und einem im Hochmoor liegenden Trockenmaar besteht. Das heutige Trockenmaar ist das ältere und wurde mit der Entstehung des westlichen Maares vor ungefähr 10.500 Jahren durch dessen Tuffe zugeschüttet. Schalkenmehren liegt am Naturschutzgebiet und Freizeitparadies des Maarsees, wo Wandern, Schwimmen, Bootfahren, Segeln, Surfen, Angeln und Schlittschuhlaufen in der einmaligen Landschaft der Vulkaneifel möglich ist.

Schalkenmehren stands beside the Doppelmaar, a double volcanic lake, consisting of the lake in the photo and the Trockenmaar, a dried-up lake on the heath. The Trockenmaar is the older of the two, and was engulfed by volcanic tuff when its neighbour to the west was formed about 10,500 years ago. Schalkenmehren is in the Maarsee nature reserve and also serves as a leisure area, with opportunities for hiking, swimming, boating, surfing, fishing and skating in the unique landscape of the Volcanic Eifel.

Schalkenmehren ligt pal aan het dubbele maar dat bestaat uit een maarmeer en een in het hoogveen liggend droog maar. Het huidige droge maar is het oudste en werd ongeveer 10.500 jaar geleden bij het ontstaan van het westelijke maar door de tufsteen daarvan gedempt. Schalkenmehren ligt bij het beschermd natuurgebied en het vrijetijdsparadijs van het maarmeer, waar in het unieke landschap van de Vulkaaneifel kan worden gewandeld, gezwommen, gevaren, gezeild, gesurft, gevist en geschaatst.

WETTER VERTREIB
REINHART · COEN

In das Bild der vulkanischen Eifel gehört seit Generationen die 1840 gegründete Glockengießerei in Brockscheid, in der nach überlieferter handwerklicher Manier noch Bronzeglocken gegossen werden. — Der Mosenberg präsentiert sich mit seinen Kratern und Maaren als die „klassische" Vulkangruppe der Westeifel. Wie kaum an anderer Stelle kann man an diesem „Lehrvulkan" mit seinen vier Kratern fast alle Erscheinungen des Vulkanismus beobachten. Lava ergoß sich in den „Horngraben, an der kleinen Kyll findet man 30 Meter hohe Basaltsäulen. Das Maar 'Windsborn" besitzt noch einen vollständig erhaltenen Ringwall.

The bell foundry of Brockscheid, founded in 1840, has been a part of the Eifel for generation. Bells are still cast in bronze in the traditional craftsman's way. — The Mosenberg with its craters and maars is the „classic" volcanic group of hills in the western Eifel. This „teaching volcano" with its four craters has just everything of volcanic interest there is to see anywhere. A stream of lava erupted into the „Horngraben", at the valley of the Lesser Kyll, you find basalt columns mass over 30 metres high. The „Windsborn" is the most complete one of Mosenberg´s craters, a crater lake with a ring wall that is still intact..

In het beeld van de vulkanische Eifel behoort sinds generaties de in 1840 opgerichte klokkengieterij in Brockscheid, waar volgens de overgeleverde ambachtelijke traditie nog bronzen klokken worden gegoten. — De Mosenberg presenteert zich met zijn kraters en kratermeren (maren) als de "klassieke" vulkaangroep van de westelijke Eifel. Er is amper andere plek waar m.b.v. een "educatieve vulkaan" met zijn vier kraters alle verschijnselen van het vulkanisme kunnen worden gadegeslagen. Uit de zuidelijke krater vloeide een lavastroom in de "Horngraben" en stroomde verder tot in het dal van de kleine Kyll.

MANDERSCHEID, Ober- und Niederburg, Historisches Burgfest

Manderscheid, Upper and Lower Castle, historic castle festival · Manderscheid, Onder- en Bovenburcht, Historisch burchtfeest

Zwei Burgen zeugen vom damaligen Machtstand: Zum Einen das Kurfürstentum Trier auf der Oberburg und zum Anderen das einst mächtige Geschlecht der Manderscheider im Luxemburgischen Hoheitsgebiet auf der Niederburg. Die Burgen ragen aus dem tiefen, zerklüfteten Tal der Lieser auf und reichen fast an die Häuser des Klimakurortes Manderscheid auf der Hochfläche. Auf der Niederburg und deren Turnierwiese findet im Sommer das historische Burgenfest statt, mit Rittern und Gauklern, Knappen und Marketenderinnen.

Two castles of the ruling family of the time are to be seen here. Firstly, the Upper Castle of the Elector of Trier and secondly the Lower Castle, once owned by the mighty house of Manderscheid and in the territory of the Duchy of Luxembourg. The castles rise up from the deep jagged valley of the River Lieser, almost reaching the houses of the climatic health resort of Manderscheid on the plateau. Each summer, the Lower Castle and its grounds play host to the annual Castle Festival, with knights and jugglers, knaves and victuallers.

Twee burchten van de toenmalige machthebbers: in de eerste het keurvorstendom Trier in de Oberburg en in de tweede het ooit machtige geslacht van Manderscheid op het Luxemburgse grondgebied in de Niederburg. De burchten rijzen uit het diepe, met kloven doorsneden dal van de Lieser omhoog en reiken bijna tot aan de huizen van het kuuroord Manderscheid op de hoogvlakte. Op de Niederburg en het erbij liggende toernooiveld vindt zomers het Historische Burchtfeest plaats, met ridders en goochelaars, schildknapen en marketentsters.

MEERFELDER MAAR mit dem Dorf Meerfeld

Meerfelder Maar with the village of Meerfeld · Meerfelder Maar met het dorp Meerfeld

Das Meerfelder Maar zählt zu den älteren und größeren der Eifel-Maare und entstand nach den neuesten Erkenntnissen vor ca. 80.000 Jahren. Durch eine Explosion verursacht, stieg heißes Magma aus einer Tiefe von 2.000-6.000 Metern auf und traf auf wasserreiche Gesteinsschichten. Die Hälfte des Maarkessels füllte sich mit Wasser und bildete einen Maarsee, welcher nach und nach zu verlanden droht. Im Kraterkessel siedelte sich das Dorf Meerfeld an, welches den geschützten Talkessel und fruchtbaren Lavaboden zur Landwirtschaft nutzt.

The volcanic lake known as the Meerfeld Maar is regarded as one of the oldest and largest of its kind in the Eifel. According to the latest research, it was formed about 80,000 years ago by subterranean explosions. Hot magma was catapulted out of the earth from a depth of between two and six thousand metres and collided with layers of water-bearing rock. Half of Meerfelder Maar filled up to form a volcanic lake whose waters are now gradually seeping away. Higher up in the hollow, the farms of Meerfeld village profit from its sheltered environment and fertile soil.

Het Meerfelder Maar behoort tot de oudste en grootste van de Eifelmaren en ontstond volgens de nieuwste inzichten ca. 80.000 jaar geleden. Als gevolg van een explosie kwam heet magma van een diepte van 2.000 - 6.000 meter omhoog en stootte op waterrijke gesteentelagen. De helft van de maarketel werd gevuld met water en vormde een maarmeer, dat geleidelijk dreigt te verlanden. In de kraterketel werd het dorp Meerfeld gesticht, dat de beschermde dalketel en vruchtbare lavagrond gebruikt voor landbouw.

VULKANBOMBE bei Strohn (über 120 Tonnen schwer)

A Volcanic Bomb near Strohn, weighing over 120 tonnes · **Vulkaanbom bij Strohn, met een gewicht van meer dan 120 ton**

Auf dem Vulkanerlebnispfad wird deutlich, wie es im Alftal vor ungefähr 30.000 Jahren herging. Das Magma aus fünf Vulkanen brach mit einer Gewalt aus, die der Landschaft ein neues Gesicht gab und heute als romantisches Tal in der Strohner Schweiz bekannt ist. Wurfschlacken und Lavabomben machen deutlich, dass es damals wenig romantisch hergegangen sein muss. Lavabomben entstanden durch mehrmaliges Hochschleudern während der Eruptionen, wobei sich Basalt und Schlacke anlagerten und eine Kugel formten, die dann irgendwann aus dem Vulkankegel geworfen am Kraterrand abkühlte.

The Volcanic Theme Path explains what happened in Alftal about 30,000 years ago. Magma exploded from five volcanoes with such extreme force that the landscape was completely changed. Today the results are evident in what is now a romantic valley in so-called Strohn Switzerland. That it was less romantic at the time can be seen from the lumps of volcanic rock and lava bombs strewn around. Lava bombs are accumulations of basalt and loose rock that are repeatedly hurled upwards during volcanic eruptions till they form a ball that is flung out of the crater and deposited at its edge.

Op het avontuurlijke vulkaanpad wordt duidelijk hoe het er circa 30.000 jaar geleden in het Alfdal aan toe ging. Het magma uit vijf vulkanen barstte met zo'n geweld uit dat het landschap een nieuw gezicht kreeg en nu bekend staat als romantisch dal in de Strohner Schweiz. Weggeslingerde slakken en lavabommen maken duidelijk dat het destijds nauwelijks romantisch geweest moet zijn. Lavabommen ontstonden doordat zij verschillende keren tijdens de erupties omhooggeslingerd werden, waarbij basalt en slakken werden afgezet en een bol vormden, die vervolgens ooit uit de vulkaankegel werd geworpen en aan de kraterrand afkoelde.

ULMEN mit dem ULMENER MAAR und dem Jungfernweiher

Ulmen with the Ulmer Maar and Jungfern pond · Ulmen met het Ulmer Maar en de Jungfernweiher

Das Pulvermaar bei Gillenfeld ist das größte und mit über 70 Metern das tiefste der Eifeler Maare. Es ist der tiefste See Deutschlands nördlich der Alpen. — Ulmen liegt am Ulmener Maar, einem Maarsee vulkanischen Ursprungs. Erst vor etwa 9.500 Jahren entstanden, ist es eines der jüngsten Eifelmaare. Nördlich des Ulmener Maars befindet sich das verlandete Maar des Jungfernweihers, das 1942 aufgestaut wurde. Das Maar entstand durch einen 118.000 Jahre alten Vulkan, der wesentlich größer war als der des Ulmener Maars.

The Pulvermaar near Gillenfeld is the largest Eifel maar, and with a depth of over 70 metres the deepest. It is deeper than any other lake in Germany outside the Alps. — Ulmen is situated on the banks of the Ulmener Maar, about 9.500 years old and so one of the youngest Eifel maars. North of the Ulmener Maar lies the Jungfernweiher, once dried up but dammed again in 1942. The original lake resulted from the explosion of an 118,000-year-old volcano, which was considerably larger than the one that created the Ulmener Maar.

Het Pulvermaar bij Gillenfeld is na het Laacher Meer het grootste en met over 70 meter het diepste van de maren in de Eifel. Het is het diepste meer van Duitsland ten noorden van de Alpen. — Ulmen ligt aan het Ulmener Maar, een maar-meer van vulkanische oorsprong, met zijn over 9.500 jaar één van de jongste Eifelmaren. Ten noorden van het Ulmener Maar bevindt zich het verlandt maar van de Jungfernweiher, het werd 1942 opgestuwd. Het maar ontstond door een 118.000 jaren oude vulcaan die aanzienlijk groter is dan die van het Ulmener Maar.

Malerisch überragt von der Löwenburg und der Philippsburg, hat sich der Luftkurort Monreal inmitten des engen Elztals ein ungestörtes, reizvolles Ortsbild erhalten. Die stattlichen Fachwerkhäuser und die gotische Kirche sind Zeugen der einst blühenden Tuchmacherzunft. — Mayen ist die größte Eifelstadt und auch die gewerbereichste. Ihre Wirtschaftsquellen sind die uralten Basaltstein- und Lavaindustrie und die landwirtschaftliche Nutzung des guten Lössbodens über den Lavafeldern. Ihr Wahrzeichen ist die sagenumwobene Genovevaburg, die sich mitten im Stadtzentrum befindet.

The health resort of Monreal is situated in the narrow Elz valley and is dominated by the picturesque castles of Löwenburg and Philippsburg. The town centre has retained its unspoiled and charming atmosphere. The splendid timbered houses and the Gothic church are evidence of the once flourishing weaving industry. — Mayen is the largest town in the Eifel and also the one with the most industry and trade. The age-old basalt and lava industry, farming and agriculture in the fertile soil above the lava fields are the source of its prosperity. Their landmark is the fairytale Genoveva Castle, which lies in the middle of the city.

Pittoresk gedomineerd door de Loewenburcht en de Philippsburcht heeft Monreal zich ten midden van het nauwe Elzdal een ongestoorde en attractieve stadsgezicht weten te behouden. Beschermd door de burchtruïnes gaat in het Elzdal de luchtkuuroord Monreal schuil. — Mayen is de grootste Eifelstad en ook de plaats met de sterkste industrialisering. De bronnen van bestaan komen voort uit de oeroude basaltsteen- en lava-industrie en uit het agrarisch gebruik van de goede Lössgrond boven de lavavelden.

SCHLOSS BÜRRESHEIM bei Mayen

Bürresheim Castle · Kasteel Bürresheim

Schloss Bürresheim wurde erstmals 1157 erwähnt und genoss eine einzigartige Lage an den Grenzen von Kurköln und Kurtrier. So kam es, dass das Schloss aus einem Kölner und einem Trierer Teil bestand. Dieser Umstand und die wechselvolle Geschichte als Ganerbenburg führten dazu, dass das Schloss mehrere Bau- und Stilepochen repräsentiert. Im 15. Jahrhundert wurden die beiden eigenständigen Schlosseinheiten als geschlossene Anlage in ihrer heutigen Form zusammengefügt. Das nie zerstörte Schloss bewahrt im Innenraum eine einzigartige Ausstattung an Wohnkultur von der Spätgotik bis zum Historismus.

Schloss Bürresheim was first documented in 1157. It enjoyed a unique location on the border of the Electorate of Cologne and the Electorate of Trier, and was correspondingly divided into two parts. This fact, along with the turbulent history of its multiple ownership, means that it displays a number of architectural styles from different epochs. In the 15th century, the hitherto separate sections of the castle were combined into one, forming the castle we see today. It has never been destroyed and has preserved an incomparable selection of interior furnishings from late Gothic to neo-Classical.

Slot Bürresheim werd voor de eerste maal in 1157 vermeld en lag op een unieke locatie aan de grenzen van de keurvorstendommen Keulen en Trier. Zo kon het gebeuren dat het slot uit een Keuls en Triers gedeelte bestond. Door deze omstandigheid en de gevarieerde historie als burcht toebehorend aan een gemeenschap van gezamenlijke erfgenamen vertegenwoordigt het slot verschillende bouw- en stijltijdperken. In de 15e eeuw werden de twee zelfstandige delen van het slot in de vorm van een gesloten complex samengevoegd tot hun huidige vorm. Binnen het nooit vernielde slot bevindt zich een unieke inrichting van wooncultuur.

Lavakeller des Vulkanparks des Deutschen Vulkanmuseum (Lava Dome) von Mendig

The lava cellar of the Volcanic Park of the German Volcanic Museum (Lava Dome) · Lavakelder van het vulkaanpark en Duits vulkaanmuseum (Lava Dome)

Täglich erleben wir mit, dass sich die Welt nach wie vor im stetigen Wandel befindet. Erdbeben, Naturkatastrophen und Vulkanausbrüche führen zu Veränderungen, die mal mehr und mal weniger unser Leben verändern. 2005 wurde in Mendig das Museum Lava-Dome eröffnet, welches die Zeitachse auf verständliche Art anschaulich macht und uns in die Geologie der Zeitgeschichte einführt. Die Lavakeller des Vulkanparks sind einzigartig. In 32 Metern Tiefe spannt sich ein Netz von unterirdischen Räumen unterhalb der Stadt Mendig. Erst Abbauraum für Lava, später Kühlkeller für Brauereien, heute kann man sie besichtigen.

As we all know from experience, the face of our globe changes from day to day. Earthquakes, natural catastrophes and volcanic eruptions lead to morphological alterations that affect all our lives in varying degrees. In 2005, the Lava Dome Museum was opened in Mendig, and among its exhibits is a time chart that explains the history of the Earth from a geological point of view. The extraordinary network of lava cellars in the Volcanic Park lies at a depth of 32 metres below the town of Mendig and is now open to visitors. These subterranean rooms once served as lava mines, and later as cold stores for beer.

Wij maken het elke dag mee dat de wereld zich nog steeds permanent verandert. Aardbevingen, natuurrampen en vulkaanerupties leiden tot veranderingen die ons leven soms wat meer en soms wat minder veranderen. In 2005 werd in Mendig het Museum Lava-Dome geopend, dat de tijdas op begrijpelijke wijze aanschouwelijk maakt en ons introduceert in de geologie van de nieuwste geschiedenis. De lavakelders van het vulkaanpark zijn uniek. Op een diepte van 32 meter welft zich onder de stad Mendig een net van onderaardse ruimten. Aanvankelijk winplaats voor lava en later koelkelder voor brouwerijen, kunnen deze nu worden bezichtigd.

LAACHER SEE

Laach Lake · Het Laacher Meer

Der Laacher See hat einen Durchmesser von 2,35 Kilometern und einen Umfang von 7,3 Kilometern. Bei seiner Entstehung wirkten unvorstellbare Kräfte aus der heißen Tiefe und zerrissen die Erdkruste. Glühende Gase in ungeheuren Mengen, vermischt mit Magma, Sand, Felsbrocken und Schlamm, brachen durch und überschütteten explosionsartig das Land. Der Laacher See ist kein Maar sondern ein mit Wasser gefüllter Einbruchkrater. Das Wasser ist heute noch wärmer als das anderer Seen und weist mit dem Austritt von Kohlenstoffdioxid immer noch vulkanische Aktivität auf.

Laach Lake has a diameter of 2.35 kilometres and a circumference of 7.3 kilometres. It was created by amazing powers at work in the hot depths of the earth, as the earth's crust was torn apart and huge quantities of boiling-hot gases poured out, mixed with magma, sand, rocks and mud, submerging the country round about in a massive explosion. If you would like to gain a vivid impression of the extent of volcanic activity in this region, you can do no better than to visit the Mendiger Lava Stream in Mendig Volcano Museum.

Het Laacher Meer is het grootste van de Eifelmaren en heeft een diameter van 2,35 km en een omvang van 7,4 km. Gloeiende gassen in ongelofelijk grote hoeveelheden, gemengd met magma, zand, rotsbrokken en modder braken door en overstroomden het land als door een explosie. Wie een voorstelling van de omvang van de vulkanische bewegingen in deze streek wil krijgen, doet er goed aan om een tochtje te maken naar de afkoelt Mendiger lavastroom, van het Vulkaanmuseum Mendig.

Die Benediktinerabtei Maria Laach ist in ihrer über 900-jährigen Geschichte mit der Kultur und dem Leben der jüngsten Landschaft Europas verbunden, der Vulkaneifel. Der gewaltige Kirchenbau ist das schönste Denkmal romanischer Baukunst im Rheinland. Eine sechstürmige Pfeilerbasilika mit so genanntem Paradies und einem Kreuzgang aus dem 13. Jahrhundert bildet zusammen mit der kompletten Klosteranlage ein geschlossenes mittelalterliches Bild. Die Abtei ist immer noch im Besitz umfangreicher Güter, die von den Mönchen verwaltet werden.

The Benedictine abbey of Maria Laach, which goes back over 900 years, is closely bound up with the cultural history and life of the Eifel. The huge church is the finest example of Romanesque architecture in the Rhineland. Maria Laach's grounds and buildings, including the fine six-towered basilica with its Paradise doorway and 13th century cloisters, present a fine example of a well-preserved medieval abbey. The abbey still possesses a considerable amount of property, which is administered by the monks themselves.

De Benedictijnse abdij Maria Laach is in een meer dan 900-jarige geschiedenis verbonden met de cultuur en het leven in de Eifel. Het imposante kerkgebouw is het mooiste monument van de Romaanse bouwkunst in het Rijnland. Een pijlerbasiliek met zes torens met een zogenaamd paradijs en een kruisgang uit de 13de eeuw vormen samen met het volledige kloostercomplex een gesloten middeleeuws beeld. Deze abdij is nog steeds in het bezit van omvangrijke landgoederen die door de monniken worden beheerd.

NIEDERZISSEN mit Blick zur Burg Olbrück über dem Brohltal

Niederzissen and Burg Olbrück above the Brohl valley · **Niederzissen met uitzicht op de burcht Olbrück boven het Brohldal**

Vom Burgberg der Burg Olbrück (470 m) kann man bis zu den Schiffen auf dem Rhein blicken; eine Lage die schon die Römer aufmerksam machte. Die Höhenburg (seit 1050) mit rautenförmigem Grundriss wurde durch den Besitz der unterschiedlichsten Familien und Adelsgeschlechter mit der Zeit zur Ganerbenburg. Trotz vieler Bemühungen konnte die Burg nach mehreren Zerstörungen vor ihrem ruinösen Zustand nicht bewahrt werden. Heute versucht man, das Wahrzeichen des Brohltals zu erhalten und möglichst weiter zu restaurieren.

The castle hill of Olbrück (470 m) is a good point from which to observe shipping on the Rhine, a fact not lost to the Romans when they occupied the area. A special form of inheritance meant that Höhenburg Castle (since 1050), laid out in a rhomboid shape, was jointly owned by several families and aristocratic houses. Höhenburg was attacked many times, and despite attempts to save it, nothing could prevent it from falling into ruin. Today there is a renewed effort to conserve and restore this striking landmark of the Brohl valley.

Vanaf de berg waarop de burcht Olbrück (470 m) staat, kan men uitkijken op de schepen op de Rijn; een locatie waar de Romeinen al attent op werden. De bergburcht (sinds 1050) met zijn ruitvormige plattegrond werd na verloop van tijd een burcht die toebehoorde aan een gemeenschap van gezamenlijke erfgenamen, doordat hij in bezit kwam van zeer verschillende families en adellijke geslachten. Ondanks veel inspanningen kon niet worden voorkomen dat de burcht een ruïne werd, nadat hij verschillende malen was verwoest. Er wordt nu geprobeerd om het waarmerk van het Brohldal te behouden en indien mogelijk verder te restaureren.

Turm der Burg Olbrück

Der eindrucksvolle und mächtige Bau der Wehrturmanlage geht als Zentrum der Christianisierung auf eine merowingische Gründung des 6. oder 7. Jahrhunderts zurück. Mit den Reliquien des heiligen Severus, die der Trierer Bischof Ruotbert 952 aus Italien mitbrachte, setzte schon im Mittelalter die Wallfahrt ein. Unter dem eindrucksvollen 34 Meter hohen Doppelturm befinden sich noch die Reste der romanischen Vorgängerkirche. Die Vermischung der verschiedenen mittelalterlichen Stile schafft in der dreischiffigen Basilika eine einzigartige Harmonie, kombiniert mit kostbaren Kirchengütern.

This massive and imposing building with its fortified towers originated in the 6th or 7th century during the Merovingian era, and was at one time a centre of Christianization. In the Middle Ages, pilgrims began to flock here after Ruotbert, Bishop of Trier, brought the relics of St Severus from Italy to Münstermaifeld in 952. Under the impressive 34-metre-high double towers lie the remains of an earlier Romanesque church. The triple-naved basilica, with its mixture of medieval architectural styles and costly furnishings, succeeds in conveying a distinctive and harmonious atmosphere.

Het imposante en machtige gebouw van de vestingtoren heeft als centrum van de kerstening zijn oorsprong in een Merovingische fundering uit de 6e of 7e eeuw. In de Middeleeuwen begonnen de bedevaarten al door de relikwieën die de Trierse bisschop Ruotbert in 952 uit Italië meebracht. Beneden de indrukwekkende 34 meter hoge dubbele toren bevinden zich nog de resten van de voorafgaande Romaanse kerk. Door de vermenging van de verschillende middeleeuwse stijlen wordt in de basiliek in combinatie met kostbare kerkbezittingen een unieke harmonie geschapen.

Seit 1157 ist die Burg im Besitz derselben Familie. Sie ist eine der wenigen Burgen, die nie zerstört wurden, abgesehen von einem Brand im Jahr 1920. Eltz ist eine Ganerbenburg, in der mehrere Linien des Geschlechts zusammenlebten. Zeitweise hatte die Burg 120 und mehr Bewohner. Die einzelnen Linien hatten ihre eigenen Burghäuser, wodurch die Gesamtanlage so malerisch wirkt. Die Ausstattung der Räume gibt einen Einblick in die Wohnkultur der vergangenen Jahrhunderte. Seit 1815 ist sie Eigentum der Linie vom Goldenen Löwen der Grafen von und zu Eltz.

Since 1157 the castle has been in possession of the same family. It is one of the few castles which have never been destroyed apart from a fire in the year 1920. Eltz was a Ganerbenburg, in which several lines of the lineage lived together. At some times the castle had 120 or more inhabitants. The individual lines had their own castle buildings giving the complex as a whole a picturesque impression. The furnishing of the rooms imparts a general view of the style of home decor of past centuries. Since 1815, it has been the property of the line from the Lions of the Count of and at Eltz.

De burcht is sinds 1157 in het bezit van dezelfde familie. Zij is één van de weinige burchten die nooit zijn verwoest, afgezien van een brand in 1920. Eltz was een burcht die toebehoorde aan een gemeenschap van gezamenlijke erfgenamen, waarop verschillende lijnen van het geslacht samenwoonden. Bij tijd en wijle had de burcht 120 en meer bewoners. De afzonderlijke lijnen hadden wel hun eigen burchthuizen, waardoor het gehele complex zo schilderachtig oogt. De inrichting van de kamers verleent een kijkje in de wooncultuur van de afgelopen eeuwen. Sedert 1815 is zij eigendom van de lijn van de Goldener Löwe van de graven von und zu Eltz.

△ Rübenacher Haus, das Schlafgemach mit wertvollen Fresken ▽

Burghof ▷

COCHEM an der Mosel, Reichs- und Höhenburg

The Imperial hilltop castle of Cochem on the Moselle · Cochem aan de Moezel, rijks- en bergburcht

Cochem ist zweifelsohne eine Touristenhochburg an der Mosel. Die lebendige Kleinstadt besitzt reiche historische Bausubstanz und romantische Plätze, Gassen, den Marktplatzbrunnen sowie das barocke Rathaus. Dazu kommen Teile der ehemaligen Stadtbefestigung, die Pfarrkirche St. Martin und das Kapuzinerkloster von 1623. — In Wittlich reichen die Weinhänge bis an den Stadtrand. Neben zahlreichen historischen Gebäuden in der Altstadt fällt besonders das Rathaus im Spätrenaissance-Stil auf. Die Stadt an der Lieser ist gut besuchter Schauplatz des Eifelvolksfestes Säubrennerkirmes.

Cochem is without doubt the principal tourist centre on the Moselle. Many buildings of considerable historical interest, romantic squares and alleys, a market well and a Baroque Town Hall. Additional visitor attractions include sections of the old town walls, the parish church of St Martin and the Capuchin monastery of 1623. — At Wittlich the vineyards extend right down to the edge of the town. Among the many historical buildings in the old town, the colourful town hall in late-Renaissance style is particularly eye-catching. The town on the Lieser has for years been the scene of a strange Eifel folk festival, the Wittlich "Säubrennerkirmes".

Cochem, van het Romeinse "villa cuchuma" afgeleid, wordt geheel door de middeleeuwen gedomineerd. De in 1877 herstelde burcht beheerst het uiterlijk, tezamen met het hooggelegen Kapucijnenklooster. Hier werkte in en na de Dertigjarige Oorlog de Kapucijnermonnik Martin von Cochem als predikant en volksschrijver. — Bij Wittlich strekken de hellingen van het wijnbouwgebied zich uit tot aan de rand van de stad. De stad aan de Lieser is sinds jaren het veelvuldig bezochte toneel van een eigenzinnig Eifeler volksfeest, de Wittlicher "Saeubrenner"-kermis.

Römische Villa Otrang bei Fließem

Otrang Roman villa near Fliessem · **Romeinse villa Otrang bij Fließem**

Mit der Ausgrabung der römischen Villa Otrang im Kreis Bitburg wurde ein eindrucksvolles Denkmal hoch entwickelter Baukunst zugänglich. Mehrere gut erhaltene Mosaikböden und Bäder sind Beweise für einen hohen Lebensstandard der Römer vor 2000 Jahren. 66 Räume, Säulenhallen und -gänge wurden mit einer Warmluftfußbodenheizung ausgestattet. Ende des 4. Jh. durch Germanen zerstört, wurde 1825 ein Teil eines Mosaiks bei Feldarbeiten entdeckt. Daraufhin wurden Schutzbauten erstellt, um die Funde zu sichern. Diese Biedermeierbauten stehen heute selbst unter Denkmalschutz.

The excavation of the Roman villa Otrang near Bitburg brought to light an architectural monument of great value, and a fine example of the highly developed state of Roman architecture. Several well-preserved mosaic floors and baths are proof of the high standard of living enjoyed almost 2000 years ago. In all, sixty-six rooms, pillared halls and arcades were equipped with hypocausts (underfloor heating). Germanic tribes destroyed the villa at the end of the 4th century. In 1825, part of a mosaic was unearthed by a farmer, and protective housing was erected to preserve the findings.

Met de uitgraving van de Romeinse villa Otrang in het district Bitburg werd een indrukwekkend monument van de hoogontwikkelde bouwkunst toegankelijk gemaakt. Meerdere goed behouden gebleven mozaïekvloeren en baden vormen het bewijs van een hoge levensstandaard bijna 2000 jaar geleden. 66 vertrekken, zuilenhallen en –gangen werden voorzien van vloerverwarming met warme lucht. Na op het einde van de 4e eeuw door Germanen te zijn verwoest werd in 1825 bij veldwerkzaamheden een gedeelte van het mozaïek ontdekt. Vervolgens werden er beschermende constructies gemaakt om de vondsten te beveiligen.

Vor über 2000 Jahren als Verkehrsachse gegründet, wurde die Ansiedlung um 330 befestigt. Dieses alte Straßenkastell bildet noch heute die historische Altstadt. Über die Jahrhunderte hat sich Bitburg seinen Charme erhalten und präsentiert sich heute als moderne Stadt. Die Bitburger Brauerei ist weit über die Landesgrenzen hinweg bekannt. In den schillernden Farben der herrlichen Kostüme spiegelt sich die Offenheit der Stadt wider. Dann befindet sich Bitburg im Völkerverständigungs-Ausnahmezustand des alljährlich stattfindenden „Europäischen Folklorefestivals" am zweiten Wochenende im Juli.

Bitburg was founded over 2000 years ago at the crossroads of two trade routes. A castle was built around 330, and today this ancient fortification still forms the centre of the historic Old Town. Over the centuries Bitburg has retained its charm yet has also established itself as a forward-looking town. Bitburg's brewery is famous far beyond the borders of Germany. The outgoing attitude of the town is reflected in the colourful costumes of the annual European Folk Festival, held on the second weekend in July, when Bitburg finds itself at the forefront of international goodwill and understanding.

Meer dan 2000 jaar geleden als verkeersas gesticht, werd de vestiging rond 330 versterkt. Deze oude vesting vormt nu nog het oude historische centrum. Eeuwenlang heeft Bitburg zijn charme behouden en presenteert zich nu als een moderne stad. De Bitburger Brouwerij is tot ver over de landsgrenzen bekend. In de bonte kleuren van de prachtige kostuums weerspiegelt zich de openheid van de stad. Bitburg bevindt zich dan in de uitzonderingstoestand van de verstandhouding onder de volken, het elk jaar in het tweede weekend van juli plaatsvindende "Europees Folkloristisch Festival".

Das „Ferschweiler Plateau" am linken Ufer der Sauer ist altes Kulturland. Das „Fraubillenkreuz" und die „Kiesgräber", eine frühgeschichtliche Begräbnisstätte, sind Zeugnisse keltischer Besiedlung inmitten der herrlichen Waldlandschaft des Südeifeler Naturparks. Die Kelten hatten im Rheinland und der Eifel viele ihrer frühzeitlichen Spuren hinterlassen. Frauen wurden hoch angesehen und konnten jeden Rang erreichen. Reiche Grabbeigaben wurden den Fürstengräbern zugeführt, in denen zeitweise nur Frauen bestattet worden sind.

The Ferschweiler Plateau on the left bank of the Sauer has a long cultural history. The "Fraubillenkreuz" and the "Kiesgräber", a prehistorical burial ground, are remains of old Celtic settlements in the midst of the glorious wooded countryside of the Southern Eifel Nature Reserve. Celtic tribes left numerous traces of their early civilization in the Rhineland and the Eifel. Women were looked up to and could attain the highest positions. Costly burial objects were placed in the graves of the nobility, in which sometimes only women were buried.

Het "Ferschweiler Plateau" aan de linker oever van de Sauer is een oud cultuurland. Het "Fraubillen-kruis" en de "Kiesgraeber", een begraafplaats uit de prehistorie, zijn getuigenissen van Keltische nederzettingen middenin het schitterende boslandschap van het Natuurpark Zuidelijke Eifel. De Kelten hebben in het Rijnland en in de Eifel veel sporen uit lang vervlogen tijden achtergelaten. Vrouwen hadden een hoog aanzien en konden elke positie bereiken. Rijke grafgiften werden aan de doden in de vorstengraven meegegeven, waarin soms uitsluitend vrouwen werden bijgezet.

NEUERBURG im Tal der Enz

Neuerburg, in the Enz valley · Neuerburg in het dal van de Enz

Der staatlich anerkannte Luftkurort liegt im Deutsch-Luxemburgischen Naturpark, eingebettet in das geschützte Tal der Enz. Die Burg Neuerburg ist die größte noch erhaltene Burganlage des Kreises Bitburg-Prüm. Erbaut wurde sie im 12. und 13. Jahrhundert und besitzt heute noch eine sehenswerte Burgkapelle. Der romantische Ort mit seinen kleinen Häusern und engen Gassen, die spätgotische Pfarrkirche Sankt Nikolaus, die auf einem Felsen über dem Ort steht und die darüber thronende stolze Burg bilden ein charmantes mittelalterliches Ensemble.

The state-approved climatic resort of Neuerburg nestles in the Enz valley in the German-Luxembourg National Park. Neuerburg castle (12th and 13th century) is the largest surviving castle in the borough of Bitburg-Prüm. This romantic place presents a charming medieval ensemble, with its attractive little houses and narrow lanes, its Late Gothic church of St Nicholas perched on a rock above the village, and its stately castle overlooking the whole.

Het van staatswege erkend luchtkuuroord ligt in het Duits-Luxemburgische natuurpark, ingebed in het dal van de Enz. De burcht Neuerburg is het grootste nog behouden gebleven burchtcomplex van het district Bitburg-Pruem. Gebouwd werd het in de 12e/13e eeuw en heeft tegenwoordig nog een bezienswaardige burchtkapel. De romantische plaats met haar kleine huisjes en nauwe steegjes, de laatgotische parochiekerk Sint Nicolaas, die op een rots boven het dorp staat, en de daarbovenuit torende trotse burcht vormen een charmant middeleeuws ensemble.

Durch einen Felsrutsch am Rande des Ferschweiler Plateaus entstand eine 28 Meter tiefe Felsspalte, die Prüm fraß sich weiter durch die Sandsteinfelsen und eine wildromantische und bizarre Landschaft entstand. Die Teufelsschlucht steht unter Naturschutz und bietet seltenen Tieren und Pflanzen eine Existenzgrundlage. Erkunden kann man das Gebiet durch eine fachmännische Führung der Naturerkundungsstation. Enge Spalten, Stiegen und glitschiger Untergrund lassen eine Passage von Kinderwagen und Gehbehinderten allerdings nicht zu.

As a result of a landslide on the edge of the Ferschweiler Plateau, a twenty-eight-metre deep crevice was formed. As the Prüm worked a passage through the sandstone rocks, it created the wild, romantic and bizarre scenery known as the Teufelsschlucht (Devil's Crevice). It is now a nature reserve that provides a habitat for rare fauna and flora, and visitors can explore the area with expert guides from the Nature Research Centre. Unfortunately, its narrow clefts, irregular steps and muddy ground mean it is inaccessible for prams and those with mobility problems.

Door een rotsverschuiving aan de rand van het Ferschweiler plateau ontstond een 28 meter diepe rotsspleet; de Prüm vrat zich verder door de zandsteenrotsen en er ontstond een wildromantisch en bizar landschap. De Teufelsschlucht staat onder natuurbescherming en biedt zeldzame dieren en planten een levensbasis. Men kan het gebied verkennen op een vakkundige excursie van het natuuronderzoekstation. Nauwe spleten, trappen en een glibberige ondergrond staan echter geen kinderwagens en mensen die slecht ter been zijn, toe.

PRÜMZURLEY, Stromschnellen der Prüm bei Irrel

Prümzurley rapids on the Prüm near Irrel · Prümzurley, stroomversnellingen van de Prüm bij Irrel

Die Stromschnellen bei Irrel, oder auch Irreler Wasserfälle genannt, entstanden aus dem Abbruch von großen Felsblöcken während der Eiszeit vor rund 12.000 Jahren. Die großen Felsblöcke stauten die Prüm auf und ein See entstand. Mit der Zeit verschaffte sich die Prüm einen Weg durch die Felsen, und auf einer Länge von 140 Metern war die heute beliebte Wildwasserstrecke geschaffen. Es ist eine tolle Übungsstrecke für Kanuten, das wilde Wasser zwischen bizarren Felsblöcken ist eine wahre Herausforderung.

The river rapids near Irrel, sometimes known as the Irrel waterfalls, were formed by a landslide of great boulders during the Ice Age, about 12,000 years ago. The huge blocks of stone blocked the course of the Prüm and a lake was created. In time, the river cut a channel through the rocky barrier, giving rise to what is now a popular 140-metre-long white water course. It makes an excellent training area, as the turbulent water that gushes over the jagged rocks presents a considerable challenge for canoeists.

De stroomversnellingen bij Irrel, ook wel de watervallen van Irrel genoemd, ontstonden doordat tijdens de ijstijd ongeveer 12.000 jaar geleden grote rotsblokken afbraken. De grote rotsblokken stuwden de Prüm op en er ontstond een meer. Na verloop van tijd verschafte de Prüm zich een weg door de rotsen, en over een lengte van 140 meter was het nu populaire wildwatertraject geschapen. Dit is een fantastisch oefentraject voor kanovaarders, doordat het wilde water tussen de bizarre rotsblokken een ware uitdaging vormt.

TRIER – alte römische Kaiserresidenz und späterer Kurfürstensitz, unten die Alte Moselbrücke

Trier – a seat of Roman Emperors and of Imperial Electors, Old Mosel Bridge · Trier - zetel van de Romeinse keizers en Imperial keurvorsten, Old Bridge Moezel

Lieblich schlängelt sich die Mosel in zahlreichen Windungen durch das über Jahrtausende in den Stein gewaschene Tal und begrenzt natürlich das Mittelgebirge Eifel. Als sich das Rheinische Schiefergebirge aufschob, wurden die vielen Mäander geschaffen mit sonnenverwöhnten Hängen, für den Weinbau wie geschaffen. Die Mosel ist der längste deutsche Nebenfluss des Rheins und als solcher, eine ausgesprochen wichtige Schifffahrtsstraße, um nicht zu sagen die zweitwichtigste Deutschlands. Am Eintritt zur Untermosel liegt Trier, die älteste Stadt Deutschlands. Im Bild unten die Römerbrücke (Alte Moselbrücke).

The attractive River Moselle winds its way in numerous twists and turns through a valley carved into the bedrock over thousands of years. The many meanders were formed in the wake of the earth movements that raised the Rhenish slate range. In the process a narrow valley was created, with sun-drenched slopes that seem just meant for wine-growing. The Moselle is the longest tributary of the Rhine and as such, an extremely important shipping route – indeed, the second most important in Germany. Trier stands at the gateway of the lower reaches of the Moselle. It is the oldest town in Germany.

De Moezel slingert lieflijk in talrijke kronkelingen door het in de loop van millennia in de steen uitgesleten dal en vormt de natuurlijke grens met het middengebergte van de Eifel. Toen het Rijnlands leisteengebergte wegschoof, werden de vele meanders geschapen met door de zon verwende hellingen, als het ware geschapen voor de wijnbouw. De Moezel is de langste Duitse zijrivier van de Rijn en in die hoedanigheid een uitgesproken belangrijke scheepvaartroute, zonder meer de op één na belangrijkste van Duitsland. Aan de toegang tot de Beneden-Moezel ligt de oudste stad van Duitsland.

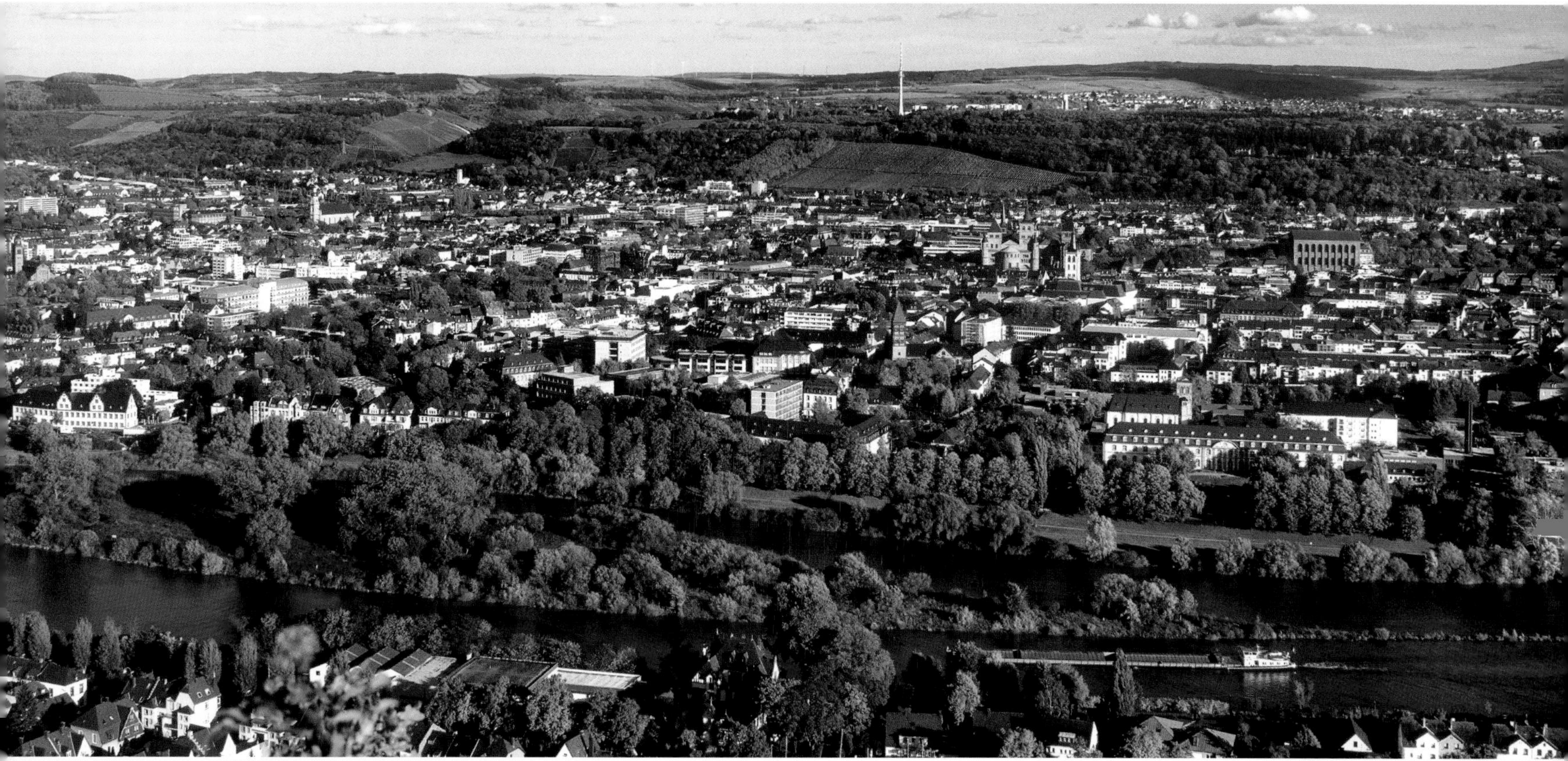

TRIER, Porta Nigra (180 n. Chr.) und Konstantin Basilika

Trier, the Porta Nigra (180 A.D.)and the Constantin Basilica · Trier, Porta Nigra (180 n. Chr.) en Konstantin basiliek

Wo die Eifel endet, liegt Trier, das römische Augusta Treverorum, seit Cäsar hier die Kelten unterworfen hatte. Die strategische Bedeutung der Stadt an der Moselfurt wuchs ins Immense, als hier im Jahre 17 vor Christi Geburt der erste Brückenschlag über die Mosel gelang. Trier wurde zum mächtigen Handelsplatz und ist es über die Jahrhunderte geblieben. Die „Steipe", das alte Festhaus der Trierer Bürgerschaft, erinnert daran ebenso wie der gewaltige Dom, dessen Entstehungsgeschichte bis in die Jahre der Völkerwanderung zurückreicht.

Trier, the oldest town in Germany, was founded by the Roman Emperor Augustus. It fast became the largest town north of the Alps, strategically important because of the first bridge across the Moselle built here in 17 B.C. Mediaeval Trier was smaller, but remained an important administrative and trading centre. In spite of wars and invasions, much of Roman Trier has been preserved. Quite apart from the fascinating museum collections, it is difficult to walk around the town without stumbling upon what are undoubtedly the most impressive Roman remains in Germany.

Daar waar de Eifel eindigt, ligt Trier, het Romeinse Augusta Treverorum, sinds Caesar hier de Kelten had onderworpen. Het strategische belang van de stad aan de Moezel nam zeer sterk toe, toen hier in het jaar 17 voor Christus de eerste brug over de Moezel werd gelegd. De verlenging van de oude Romeinse brug heet tegenwoordig Karl-Marx-Straße, want slechts een paar meter verderop, in de Brueckenstrasse 10, werd Karl Marx in 1818 geboren. Het huis is tegenwoordig een museum. Porta Nigra, één van de meest indrukwekkende stadspoorten van het Romeinse imperium.

△ Porta Nigra (180 n. Chr.)

Römerspektakel „Brot und Spiele" vor den Kaiserthermen △

▽ Konstantin Basilika

▽ Trierer Dom und Liebfrauenkirche

Geschichtliche Brückenschläge sind in Trier immer möglich. An die römische Basilika schließt sich im Rokoko-Stil das Kurfürstliche Palais an und das mittelalterliche Stiftsgebäude des Einsiedlers Simeon lehnt sich an das schwarze Stadttor, das auch so heißt: Porta Nigra, eine der stattlichsten Pforten des römischen Imperiums. Bereits in der Antike, zur Zeit Konstantin des Großen, war der Platz auf dem das Palais steht mit einem Palastkomplex bebaut. Um das Jahr Tausend wurde der Palast als Burg genutzt. Ende des 16. Jahrhunderts begann man die Pläne eines Renaissanceschlosses umzusetzen.

Any self-respecting Roman community had its baths, but those in Trier were vast and later became incorporated into the town walls. Other interesting sites include the giant amphitheatre, the Roman core of the cathedral and the Protestant church, founded on an enormous basilica that the Emperor Constantine once used as a palace. Even in ancient times, at the time of Constantine the Great, the space on which the palace stands was built with a palace complex. Around the millennium, the palace was used as a castle. End of the 16th Century began to implement the plans of a Renaissance castle.

In Trier kunnen altijd bruggen naar de geschiedenis worden geslagen. Aan de Romeinse basiliek grenst in rococostijl het paleis van de keurvorst en het middeleeuwse stiftgebouw van de kluizenaar Simeon leunt tegen de zwarte stadspoort, die ook die naam heeft: Porta Nigra, één van de meest kolossale poorten van het Romeinse rijk. Zelfs in de oudheid, ten tijde van Constantijn de Grote, de ruimte waar het paleis staat is gebouwd met een paleis complex. Rond het millennium, werd het paleis gebruikt als een kasteel. Einde van de 16e Eeuw begonnen de plannen van een renaissance kasteel te implementeren.

TRIER, Marktplatz mit St. Gangolf und der Steipe (rechts im Bild)

Trier, market place with St Gangolf and Steipe building (rt.) · Trier, markt met St Gangolf en Steipe